aruco

東京の
手みやげ

こんどの手みやげも、みんなと同じ、お決まりのもの？

「みんな知ってるみたいだから」
「なんだか人気ありそうだから」
とりあえず押さえとこ。
でも、ホントにそれだけで、いいのかな？

せっかくの贈り物だもん。
どうせなら、みんなとはちょっと違う、
とっておきの逸品を選びたくない？

『aruco』は、そんなあなたの
「プチぼうけん」ごころを応援します！

女子スタッフ内でヒミツにしておきたかったマル秘スポットや穴場のお店を、
思い切って、もりもり紹介しちゃいます！

買っておかなきゃやっぱり後悔するテッパン手みやげ etc. は、
みんなより一枚ウワテの選び方を教えちゃいます！

もっともっと、新たな驚きや感動が私たちを待っている！

「東京でこんなコトしてきたんだよ♪」
トモダチに自慢できる体験がいっぱいです。

さあ、"私だけの東京の手みやげ"を見つけに
プチぼうけんにでかけよう！

arucoには、あなたのプチぼうけんをサポートする
ミニ情報をいっぱい散りばめてあります。

arucoスタッフの独自調査によるおすすめや本音コメントもたっぷり紹介しています。

どのぼうけんにしようかな?

知っておくと理解が深まる情報、アドバイスetc.をわかりやすくカンタンにまとめてあります。

もっとお得に快適に、限られた時間で旅を楽しみつくすテクニックや裏ワザを伝授!

右ページのはみだしには編集部から、左ページのはみだしには旅好き女子のみなさんからのクチコミネタを掲載しています。

お目当てのギフトを手に入れる TOTAL **30分〜**

オススメ時間 12:00〜 予算 1000円〜

営業時間を事前に確認
路面店の場合11:00または12:00開店の店が多く、週末のみ営業する店や、月によって定休日以外に不定休で休みの日が加わる店もある。

プチぼうけんプランには、予算や所要時間の目安、アドバイスなどをわかりやすくまとめています。

■発行後の情報の更新と訂正について
発行後に変更された掲載情報は、『地球の歩き方』ホームページ「更新・訂正・情報」で可能な限り案内しています(ホテル、レストラン料金の変更などは除く)。旅行の前にお役立てください。
URL book.arukikata.co.jp/support/

物件データのマーク

マーク	説明	マーク	説明
🏠	……住所	⊠	……交通アクセス
☎	……電話番号	🏢	……都内の支店、他店舗
♪	……営業時間、開館時間	URL	……ウェブサイトアドレス
休	……定休日、休館日	O	……インスタグラムの公式アカウント
料	……料金、予算	🛒	……オンライン販売あり
予	……予約の必要性		
🏷	……ドレスコード		

別冊MAPのおもなマーク

マーク	説明	マーク	説明
★	……見どころ	S	……ショップ
R	……レストラン&バー	H	……ホテル
C	……カフェ	B	……ビューティ&スパ

本書は2021年3〜6月の取材に基づいていますが、記載の営業時間と定休日は通常時のものです。特記がない限り、掲載料金は消費税込みの総額表示です。
新型コロナウイルス感染症対策の影響で、営業時間の短縮や臨時休業などが実施され、大きく変わることがありますので、最新情報は各施設のウェブサイトやSNS等でご確認ください。
また掲載情報による損失などの責任を弊社は負いかねますのでご了承ください。

東京で手みやげを探しにプチぼうけん！
ねえねえ、どこ行く？なにする？

何代も続く老舗から、
新オープンの話題の店まで、
東京には贈り物選びに訪れたいお店が
いっぱい。ビビッときたものには
大きくハナマルをつけておいてね！

カワイイ見た目とほっぺたが
落ちるおいしさに感動！ **P.18**

東京だからこそかなう☆
海外旅行気分を味わっちゃお **P.24**

世界にひとつだけ！　伝統工芸
の手作りギフトはいかが？ **P.28**

定番はもちろん最旬アイテムもチェック♪
東京手みやげの達人になっちゃうかも♡

かわいすぎるパッケージにノックアウト！
自分用にも買っちゃう？　**P.50 →**

プリン、チーズケーキ、モンブラン、フルーツ
サンド…テッパン手みやげを食べ比べちゃお　**P.54 →**

どれにしようか
迷っちゃうなぁ〜

相手やシーンに応じた手みやげ、
何を持っていく？　**P.60 →**

キュートなパケ缶も購入の
決め手。人気缶が大集合！　**P.66 →**

みんな知ってる和菓子の
名店たちの新たな挑戦　**P.52 →**

すてきなステーショナリーは
贈り物にもおすすめ☆　**P.90 →**

粋なセンスに脱帽。
ミュージアムショップがアツい！　**P.94 →**

フラワーギフトの種類が
豊富って知ってた？　**P.98 →**

Contents

aruco 東京の手みやげ

グルメ　ショッピング

おさんぽ　情報

3分でわかる！ 東京かんたんエリアナビ

バラエティ豊かな手みやげが手に入る東京。まずはここで、本誌で紹介している
おもな手みやげスポットの位置関係をざっくりと把握しよう。

主要&
注目エリア
check!

流行のアイテムがたくさん！
表参道・青山　P.110

トレンド発信地らしく、手みやげ
にぴったりのグルメギフトやグッ
ズも話題性があり、見た目もお
しゃれなものが手に入る。

人気のショップが集まる
中目黒・代官山・恵比寿
P.112

ほかにはない個性豊かな店や品質
にこだわる店が多数。景観のよい
場所や見どころも点在するので散
策にもおすすめのエリア。

スイーツの実力店が軒を連ねる
自由が丘　P.36

スイーツ店激戦区。洋菓子が多い
が、和洋を問わずスイーツの老舗
や人気店が集中する。近年は九品
仏方面にも増えている。

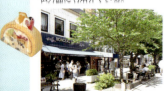

Area Navi

Welcome to Tokyo

外回り
山手線
内回り

池袋
高田馬場
新大久保
吉祥寺
三鷹
高円寺
新宿
下北沢
原宿
代々木上原
渋谷
三軒茶屋
桜新町
二子玉川

副都心線
東西線
神楽坂 Kagurazaka
有楽町線
千駄ヶ谷
北参道
明治神宮前〈原宿〉
半蔵門線
千代田線
四ツ谷
中央線
赤坂
丸ノ内線
日比谷線
六本木
表参道 Omotesando
代官山 Daikanyama
恵比寿 Ebisu
麻布十番
自由が丘 Jiyugaoka
中目黒 Nakameguro
目黒
南北線
五反田
大崎
品川
りんかい線

洗練された和洋の手みやげが手に入る
神楽坂　P.32

しっとりと風情のある街並みで、ゆっ
くり散策が楽しめる。和・洋菓子と
もに新店ラッシュが相次ぎ、注目店
が多数！

ミュージアムショップめぐりもおすすめ
上野

上野公園敷地内には美術館・博物館が
複数あり、ミュージアムショップ
（→P.94）では粋な手みやげが買える。
グルメ系は老舗が
多い。

再開発で日々進化中！
渋谷
JR、銀座線など地下鉄各線、東急東横線、京王井の頭線などが乗り入れる。再開発が進み、駅周辺にはショッピングスポットが次々とオープン。

東京を代表する繁華街
新宿
商業施設が立ち並び、乗降客数は世界一。JRなど11路線が乗り入れる。京王線、小田急小田原線、地下鉄新宿線は新宿駅が起点。

8路線が乗り入れ
池袋
山の手エリア三大副都心のひとつで、栃木、埼玉、神奈川からも路線が乗り入れている巨大ターミナル駅。地下鉄は3路線で、丸ノ内線の起点。

話題の手みやげを買うなら
東京駅周辺 P.44

東京の玄関口、東京駅周辺には話題のショッピングスポットが盛りだくさん。なかでも注目は駅構内の「グランスタ東京」（→P.44）。

帰省時の手みやげ探しにもぜひ

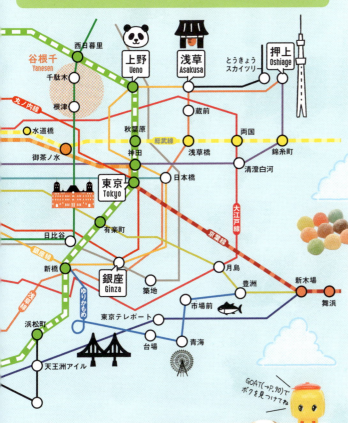

谷根千
Yanesen

西日暮里

千駄木

根津

丸ノ内線

水道橋

御茶ノ水

上野
Ueno

秋葉原

神田

総武線

浅草
Asakusa

蔵前

浅草橋

押上
Oshiage

とうきょうスカイツリー

両国

錦糸町

清澄白河

日本橋

東京
Tokyo

大江戸線

日比谷

有楽町

京葉線

銀座
Ginza

築地

月島

豊洲

新木場

舞浜

ゆりかもめ

新橋

浜松町

東京テレポート

市場前

天王洲アイル

台場

青海

新旧の名店が集まるショッピングタウン
銀座 P.108

一流店が集まる東京を代表する街。歴史ある名店も少なくなく、行列が絶えない店も。高級感あるショッピングセンターも多い。

老舗が多い下町エリア
浅草・押上 P.106

下町浅草ならではの昔ながらの素朴な和菓子やレトロな雰囲気のカフェ、喫茶店が集まる。伝統工芸の工房（→P.28）も多い。

GOAT（→P.90）でボクも見つけてね

レトロな街さんぽも楽しい
谷根千 P.34

にぎやかな谷中銀座商店街など、昭和レトロな街並みが残る。細い路地にセンスのよい店が多いのもこのエリアならではの特徴。

ネコがたくさんいるよ

いまホットな
ニュースを
ピックアップ!

2021年
6月1日
OPEN

1.「大三萬年堂HANARE」(→P.52)
の大三ぱふぇ 2.「パティスリーカ
メリア銀座」のクッキー缶、シュ
シュ 3.「MERCER bis」のキャラ
メルシフォンケーキ 4. ショコラ
専門店「BEL AMER」のチョコ

限定スイーツも多数
和&洋話題の37店が
集結しリニューアル

「渋谷 東急フードショー」のスイーツ
ゾーンがさらなる進化を遂げ、渋谷マー
クシティ1階にリニューアルオープン。
商業施設初出店の店もあるほか、渋谷
東急フードショー限定商品も多数と
今、大注目のスポット。なお渋谷地下
街のデリゾーンは7月10日オープン。

渋谷 東急フードショー
シブヤ トウキュウフードショー

Map P.122-B1 渋谷

渋谷区道玄坂1-12-1 03-3477-3111
10:00～21:00 不定休 京王井の頭線
渋谷駅直結 www.tokyu-dept.co.jp/
shibuya_foodshow

編集部が選んだ特におすすめの3品!

「新宿高野」(→P.79)のフ
ルール・マ・シェリー

「坂角総本舗」のゆかり詰め合
わせ箱（渋谷限定BOX）

「THE STANDARD BAKERS
FARM」の渋谷ハチコロネ

シフォンケーキやバター菓子などアイテムを
絞ったショップが揃うスイーツゾーン

ふわふわのメレンゲ菓子
フランス発の新感覚
スイーツが話題

メレンゲにホイップクリーム
をのせ、刻んだチョコでコー
ティングした北フランスの伝
統スイーツ、メルベイユの人
気店が日本初出店。ふわっと
軽く口の中で溶ける新食感が
やみつきに。全6種類。

2020年
6月9日
OPEN

アイスも
人気ですよ

Aux Merveilleux de Fred神楽坂
オー・メルベイユ・ドゥ・フレッド カグラザカ

Map P.120-C1 神楽坂

新宿区矢来町107 03-5579-8353 販売9:00～19:00、カフェ11:00～
無休 地下鉄神楽坂駅2番出口から徒歩2分 @auxmerveilleuxdefredtokyo

1. メルベイユは各300円。左奥は大きな
ブリオッシュ、クラミッシュ 2. メルベイ
ユは一つひとつ店内で手作り。作業が見
られるのも楽しい 3. 上階はカフェでテ
ラス席もある
4. 高級感ある店内。フ
ランスに本店を構える

新しくオープンした注目店や話題の店など、
手みやげにぴったりのグルメ＆スイーツスポットをチェックしよう！

2021年 4月1日 OPEN

最高品質の果物を使用

ほおずきとトマト各400円。どちらも完熟で美味。季節により商品は変わる

最高級果実を贅沢に使用

フルーツわらび餅 専門店

まるさんかじつ
マルサンカジツ

Map P.118-A1 永福町

創業200年の老舗菓子舗「丸三老舗」プロデュース。店主自ら厳選し、全国の生産者から直接仕入れる最高級の完熟フルーツをやわらかなわらび餅で包んだ新感覚の和スイーツ。

🏠杉並区永福町4-1-10 ☎非公開 ⏰10:00〜17:00（売り切れ次第閉店）🗓不定休、年末年始 🚃京王井の頭線永福町駅北口から徒歩2分 🌐03kajitsu.thebase.in 🛒

神楽坂にオープン

神楽坂にオープン
手作り無添加 おはぎが人気

2021年 1月31日 OPEN

漬さずにもち米そのままの味わいが楽しめる甘さ控えめおはぎで、定番4種に日替わりまたは週替わりの変わり種2種が並ぶ。もち米に塩漬けの刻み大葉が入りさっぱり！

おはぎと大福
オハギトダイフク

Map P.120-B1 神楽坂

良質素材を厳選してます

🏠新宿区天神町35 谷井アパート1F ☎非公開 ⏰11:30〜18:00（売り切れ次第閉店）🗓月・金 🚃地下鉄神楽坂駅2番出口から徒歩3分 🌐ohagitodaifuku.com

1. 定番はつぶあん、こしあん、きなこ、黒ごまで各200円
2. 左上のほうじ茶（210円）と下の枝豆（240円）が変わり種。右上はつぶあん

ドライフルーツも好評

1. 3. カフェで楽しめるパフェやドリンクが人気 2. フルーツサンド（→P.59）も美味

奈良の老舗果実園がプロデュース

旬の果物を堪能する ならココに決まり！

堀内果実園 東京スカイツリーソラマチ店
ホリウチカジツエン トウキョウスカイツリーソラマチテン

Map P.117-C2 押上

旬の果物の楽しみ方を提案する人気店の新店舗。果物を知り尽くす農家ならではの斬新な組み合わせや、果実を堪能できるゴロッと贅沢使いで、果物を存分に楽しめる。

2021年 3月19日 OPEN

🏠墨田区押上1-1-2 東京スカイツリータウン・ソラマチ イーストヤード1階12番地 ☎03-6658-8588 ⏰10:00〜21:00（L.O.20:30）🗓施設に準ずる 🚃地下鉄押上駅B3出口直結 🏠堀内果実園ecute EDITION渋谷店 渋谷区渋谷2-24-12渋谷スクランブルスクエア1F 🌐horiuchi-fruit.jp 🛒

高島屋バイヤーがセレクト

全国の自慢の味が 勢揃い

日本橋髙島屋S.C. 味百選・銘菓百選
ニホンバシタカシマヤショッピングセンター アジヒャクセン・メイカヒャクセン

Map P.121-A2 日本橋

誰もが知る定番銘菓から知られざる逸品まで、全国の名品をえりすぐって販売。取り扱う商品も幅広く、見て回るだけでも楽しい。

🏠中央区日本橋2-4-1 日本橋髙島屋S.C. 本館B1 ☎03-3211-4111（代表）⏰10:30〜19:30 🗓不定休 🚃地下鉄日本橋駅B3出口直結 🌐www.takashimaya.co.jp/nihombashi/departmentstore

おすすめはコレ！

浅草「小桜」のかりんとう、ゆめじ（細口）

大阪「やまつ辻田」の七味唐辛子2種と石臼挽き粉山椒

東京手みやげ  aruco的 究極プラン

ブチぼうけんしちゃうぞ！

流行りのスイーツやニューオープンのお店もチェックしたいけれど、
ほかの人とはかぶらない手みやげも手に入れたい！
街歩きも楽しめちゃうaruco的究極プランをご紹介♪

Plan 01

トレンドエリアで最旬手みやげをゲット

表参道〜渋谷は話題の店がいっぱい。
最後はセンスのいい手みやげが手に入る東京駅へ！

11:00 TEAPOND で茶葉探し　P.75

ドリンクスタンド併設

徒歩12分

11:45 Summerbird ORGANIC で
休憩を兼ねてこだわりチョコをチェック　P.71

大人気のクリームキス

アーモンド・アベニューもおすすめ

徒歩6分

12:30 トラヤあんスタンド
北青山店で和スイーツをゲット　P.110

電車2分

あんペーストを購入

✨

13:30 ÉCHIRÉ PÂTISSERIE AU BEURRE
東急フードショーエッジ店でお買い物　P.63

♪

エコバッグなどグッズもいろいろ

徒歩8分

14:15 新しくなった
渋谷 東急フードショーへ　P.10

注目店が多数入店！

電車18分

15:30 東京駅構内の
グランスタ東京で最後のお買い物　P.44

Made in ピエール・エルメはリノェを併設

あめちゃん　旅のおとも

レトロタウンで伝統工芸と
アートな手みやげ探し

浅草での伝統工芸体験で特別なギフトを作り、谷根千
をぷらぷら散歩。ミュージアムショップにも立ち寄ろう!

10:30 珈琲天国で名物ホットケーキを食べる
P.73

レモン
ケーキを
購入

徒歩
8分

11:15 創吉で切子作りを体験 P.30

店内で
江戸切子も
販売

徒歩
7分

13:00 すみだリバーウォーク®を
渡って周辺を散歩 P.107

徒歩
15分

13:15 THINGS 'N' THANKSで
ビンテージ文具を買う P.91

レトロ&
ポップで
かわいい!

徒歩
6分

14:00 たばこと
塩の博物館内
ミュージアム
ショップでオリジナル
商品をチェック P.97

世界各国の
塩を販売

電車
27分

15:30 竹久夢二美術館へ P.34

ミニクリア
ファイル
各種

徒歩
8分

16:30 亀の子束子 谷中店で
キッチンアイテムを買う P.35

徒歩
16分

17:30 谷中銀座商店街&夕焼けだんだんへ
P.35

\ニャー/

こんなおみやげ
買っちゃいました

「まめぐい」のSuica
のペンギン まめぐ
いバウム
1200円〜 P.46

「珈琲天国」の缶
磁石セット950円
P.73

「TEAPOND」の
TODAY'S TEA
NUMBER 3缶
セット2494円
P.75

「Summer
bird ORGANIC」の
チョコレートバー
各60g1620円
P.71

「亀の子束子」のランチトー
トバッグ2420円 P.35

13

おさえておきたい手みやげのお作法

手みやげは、誰かの所へ訪問する際に、感謝の気持ちを込めて渡す品物のこと。
選び方や渡し方ひとつでグンと気持ちも近づき、場の空気も和むというもの。
スマートに渡し気持ちよく受け取ってもらえるよう、基本マナーをチェックしておこう。

パッケージのかわいさも選ぶポイント。写真は「TOKYO TULIP ROSE」(→P.20)

選び方の注意点
相手のことを考え、喜んでもらえるものをチョイス

手みやげを贈るシーンは、友人宅への訪問やホームパーティなどのお呼ばれ、帰省、取引先など会社への訪問などさまざま。贈る相手の状況や好みを思いやって選びたい。

Point 1
贈る相手の好みだけなく、食べられないものも知っておく

スイーツ好き、甘いものは苦手、お酒好きなど嗜好によって選択肢も変わってくる。好き、嫌いはもちろんのこと、特定の食べ物にアレルギーがある人や外国の方などは宗教上の理由で食べられないものがある人もいるので、購入前に確認しておきたい。
友人や近しい関係の人へは話題性のある品や限定商品、パッケージがかわいいものなど、その場が盛り上がるアイテムもおすすめ。

Point 2
同居人数は何人いるか、生活スタイルにも配慮

生活をともにする人がいるか否かによっても選ぶものが変わる。家族など、複数で暮らす人には、同居する人みんなに喜んでもらえるようなものを、人数に見合う量や個数を。ひとり暮らし、または夫婦やパートナー等ふたり暮らしの人には日持ちのするものが無難。賞味期限の短いものをたくさん贈ると困らせてしまう結果に。
また、冷蔵庫や冷凍庫を圧迫してしまう商品も考えるもの。夏場はアイスやゼリーなどの涼菓が喜ばれるけれど、贈る際には事前に確認しておいたほうがいいかも。

常温保存で日持ちがするクッキーは贈り物に最適。量や大きさも考慮したい。写真は「MATTERHORN」(→P.68)

Point 3
仕事関係先への手みやげは食べやすさを考慮

個包装なのもいいね！

個包装されている物、取り分けがしやすい物など、仕事中でも手間なく食べられるものがよい。人数を把握し個数もチェック。

「BURDIGALA TOKYO」の広尾のビスティーヌ(→P.45)は片手で食べてもボロボロとこぼれず、おすすめ

Point 4
予算は相手に負担を感じさせない範囲で

高額すぎると気を使わせてしまうことになりかねない。友人宅や同席するのが2〜3人と少人数なら2000〜3000円くらい、会社関連や大勢の場へは4000〜1万円を目安に。

渡すシチュエーションも
手みやげ選びのポイント

相手の自宅か外出先かどうかも選択の際に考慮。自宅なら制約はないけれど、外出先で渡すなら持ち運びのことも考え、重い物は避けたい。遠方まで持っていく際は、賞味期限は要チェック。

Point 5

先方の所在地の近所で
買うのは避けたい

相手の家や訪問先の近くの店で購入すると、「慌てて用意した」という印象を与えてしまうことも。当日買う場合も、できるだけ訪問先近くの店でないほうがよい。

Point 7

食べ物・飲み物以外の
ギフトは親しい人へ

消耗品以外を贈られると置く場所がなく困ってしまう人も。相手の趣味や好みをよく知り、なおかつ欲しがっていたものを贈るようにするのがいい。消耗品のコスメ系を贈る場合は肌質や香りも考慮して。

ほんの気持ちですがどうぞ

╲ 渡し方の基本 ╱

どのタイミングで
どう渡すかが大事

親しい間柄だったらさほど気にすることはないが、目上の人やあらたまった場面などでは失礼のないようにしたいもの。現場で「どうすればいいの?」とあせらないために、基本を確認。

Thank you

Point 1

玄関先はNG。あいさつを
済ませたあと席に着く前に

相手の自宅を訪問する際は、部屋へ通されてあいさつを済ませ、洋室なら椅子に掛ける前に両手で手渡すのがベスト。和室なら座布団の下座脇に正座して渡すのがよい。テーブルの上で渡すのはマナー違反なので要注意。

要冷蔵・冷凍品はすぐ渡そう

こんな場合は
玄関で渡してOK

アイスクリームや生鮮食品などすぐに冷凍庫や冷蔵庫に入れてほしいものは、その旨を伝えて玄関先で渡してもよい。同様に生花も水気があるので、部屋に持ち込む前に玄関先で。

会社へ訪問した場合は?

基本的に同じで、部屋に入って担当者とあいさつを交わしたのち本題に入る前に手渡すのがスムーズな流れ。

Point 2

紙袋や風呂敷から
出して渡す

持参するときは店でもらった紙袋に入れていくのがほとんど。あらたまった場合は風呂敷に包んで持っていくと、よりていねい。渡すときは紙袋や風呂敷から取り出して、包装が相手の正面に向くようにして渡すのが基本。自分が持ち運びに使ったものなので、ほこりがついたり汚れていることもあるからというのが理由で、紙袋や風呂敷はたたんで持ち帰るのがマナー。ただし、外出先で渡す場合は、「紙袋をお使いになってください」と持ち帰り用に渡す心使いも必要。

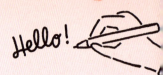

Point 4

のし紙はどうする?

目上の人やあらたまった手みやげには のし紙をかけたほうがよい。のし 紙には種類やマナーがあり、一般的 なお祝いや日常の贈り物には「紅白 の蝶結び・のし付き」を選ぼう。「蝶 結び」は簡単にほどいて結びなおせ ることから、何度でもうれしいこと を表している。

紅白の蝶結び

のし紙の表書き(目的と贈り 主名)は、ビジネスで初めて 贈る際は「粗品」や「御挨拶」、 よく知っている相手には「御 礼」とするのが一般的。

Point 3

渡す際に添える言葉で 印象アップ

慣習的に使われてきた「つまらないもの ですが」という言葉よりも、ポジティブ にとらえられる言葉のほうが好印象。次 のような言葉をさりげなく添えて渡そう。 「心ばかりですが」 「少しですが皆さんでどうぞ」 「○○がお好きだとうかがったので」 「評判の品と聞きまして」

Point 5

郵送する場合は、 先に送り状を

送り状とは前もって贈り物の内容や 到着予定日などを知らせる手紙。一 方的に物だけを送れば、到着日に留 守などで受け取ってもらえないこと も。特に冷蔵・冷凍品など賞味期限 や保存に注意が必要な商品は、その 旨を伝えておいたほうがよい。

贈り物に手書きの 添え状をしのばせる

手みやげを手渡しする場合でも、ちょっとした 手紙が同封されていたら、ほっこり心があたた まり、いっそうれしくなるもの。 一筆箋やメッセージカードに感謝やお祝いな ど贈る気持ちをしたためて、品物に添えて渡そ う。書き方に決まりはないので、読みやすくて いねいに書けばOK。インクの色は黒か濃い青 が基本だけど、親しい人へ はカラフルなペンで楽しい カードにするのもあり!

一筆箋のほか、かわいい ポストカードもおすすめ

一筆箋やカードは 文具店で購入を

気をつけたい

タブー&NGな贈り物

目上の人	靴などの履物を。「踏みつける」という意味につながるので。
結婚祝い	はさみ、包丁、ガラス製品など。「切れる」「割れる」を連想させるので。
新築祝い	灰皿、ライター、コンロやキャンドルなど「火事」を連想させるもの。
お見舞い	鉢植えの花。「根付く」から「寝付く」という言葉を連想するため 縁起がよくない。葬儀に使われる白い花や菊は避けたほうが無難。

もらう側のマナー

いただいた手みやげはどうする?

親しい関係ならその場で開けて、お礼を伝えると いうのが多いパターンだが、近い間柄でない人か らのあらたまったのし紙がかかっている手みやげ は、その場で開けないほうがよい。 関係性にかかわらず、本来いただいたものはその 場で出さないのがマナーといわれているが、実際 は出してもいいものかどうか迷うところ。日持ち のしないケーキなどの生菓子に関しては、「お持 たせで失礼ですが」と断って出しても問題なく、 一緒にいただいてお礼を伝えたほうが喜ばれるこ とも。もちろんこちらが用意していたおもてなし のお菓子もそのあとに出してかまわない。

お返しはどうする?

祝い事ではなく厚意でもらう手みやげへのお返し は、関係性にもよるけれど、お礼を伝え、ちょっ としたお返しをしたいもの。祝い事の場合は一般 的にはお返しをするのが基本だが、不要といわれ る場合もある。お返しは不要でもくれぐれもお礼 を忘れずに! お返し不要な場合の贈り物は以下 を参考にして。

◆初節句・七五三
◆入学・卒業・成人式
◆長寿祝い

◆異動・退職
◆災害時のお見舞い
◆お中元・お歳暮

手みやげ探しを
全力で楽しむ！
とっておきのプチぼうけん

贈り物を渡して相手が喜ぶ姿を見ると、
なんだかうれしくてハッピーな気持ちになるよね。
どれにしようか迷うのも楽しい、aruco的手みやげ探しの
プチぼうけんに出かけよう！

LET'S GO!

華やかな見た目に笑顔がこぼれる おいしくてかわいい最強スイーツを制覇!

開けた瞬間、歓声が上がる目にも美しい品々は、味もピカイチの逸品揃い。贈る人も、もらう人も笑顔になっちゃう幸せスイーツギフトをチェック!

お目当てのギフトを手に入れる
TOTAL
30分〜

オススメ
時間 12:00〜 予算 1000円〜

営業時間を事前に確認
路面店の場合11:00または12:00開店の場合が多く、週末のみ営業する店や、月によって定休日以外に不定休で休みの日が加わる店もある。

Cute & Amazing sweets!

おいしそ〜♡

編集部推しは
この14店!

レブリー
バラが香る甘酸っぱいムース。
540円

スワイユ
ピスタチオのバタークリームで包んだショコラクリーム&チェリーのジュレ。560円

話題の店からホテルの名店まで、編集部が太鼓判を押すイチオシのスイーツギフトをご紹介。

こだわりポイント
カスタードクリームにラズベリージャム、ピスタチオとフリュイルージュのふたつのババロア、フレッシュイチゴなど、食感や味わい、香りの異なるさまざまなフィリングが贅沢なハーモニーを生みエクレアの概念を覆される。

エクレールは
常時2種類販売

オーナー
パティシエの
菅又さん

一度食べたら
忘れられない繊細な味わい

Ryoura
リョウラ

フランス各地で修業したオーナーパティシエの菅又亮輔氏が手がけるスイーツは、旬の食材を取り入れた華やかで繊細な味わい。毎週来ても飽きないようにと、常時新しい味が登場する。

Map P.118-C1 用賀

🏠 世田谷区用賀4-29-5 グリーンヒルズ田賀ST 1F　📞 00 0447-0408　🕐 11:00〜18:00　🗓 火定休、水不定休、年始　🚃 東急田園都市線用賀駅北口から徒歩4分　💻 www.ryoura.com

エクレール
通年同じものは販売せず、月に1度、新しい味が登場する。1個
520円

マカロンも看板商品のひとつ。10種類あり1個290円

高い評価を
いただいています

日本の美が詰まった
唯一無二の名品

PATISSERIE「栞杏1928」

パティスリー「リアン1928」

ホテル内に飾られた日本画にヒントを得た天
井画ショコラや落雁をイメージして作られた、
まるで美術工芸品のような美しいチョコレー
ト、花宴など日本美を感じる名品がズラリ。

Map P.123-C2 目黒

🏠目黒区下目黒1-8-1 ホテル雅叙園東京内1F ☎03-
5434-5230 ⏰11:00〜20:00 ⏱無休 🚉JR目黒駅正面
口から徒歩3分 🔗www.hotelgajoen-tokyo.com/lien

ペストリー料理長の
生野剛哉さん

こだわりポイント

カカオバターを表面に吹き
付け落雁の雰囲気を演出。
独特の風味が加わるため、
中のガナッシュの風味を強
くし、食べたときに素材の
味がはっきりとわかるよう
に工夫されている。

焼き菓子ギフト 彩（3300円）。
ノーベル賞授賞式で振る舞われ
るバラの紅茶を使ったパウンド
ケーキなど12種類が入る

花宴はなのえん

梅、焦がし醤油、
紫蘇、日本酒＆
黒豆、蜜柑＆
ヨーグルト、抹
茶＆ごま、くる
み、あんず＆プ
ラリネの8種類
入り。3100円

プチ
ぼうけん
1

おいしくてかわいい最強スイーツを制覇！

Beautiful!

わっぱを彩る
美しいおはぎ

タケノとおはぎ

つぶ＆こしあん
は各180円

バラの花やあじさいに見立てた目に
も美しいおはぎが話題の店で、つぶ
あん、こしあんに加えて日替わり5
種類が並ぶ。オーナーの祖母から受
け継いだレシピで作るつぶあんとこ
しあんは甘さ控えめで絶品。

こだわりポイント

日替わりは絞りピスタチ
オ、クランベリーショコラ
などユニークなラインアッ
プ。黒米のもち米を使用す
ることもあり食感が楽し
い。合成着色料は一切使用
せず、自然の食材で色付け。

桜新町店

Map P.118-C1 桜新町

🏠世田谷区桜新町1-21-11
☎03-6413-1227 ⏰12:00〜
18:00（売り切れ次第閉店）
⏱月・火 🚉東急田園都市線桜
新町駅南口から徒歩4分 🏠【学
芸大学店】目黒区中町1-36-6
📷@takeno_to_ohagi

おはぎ詰め合わせ（大）

好みのおはぎを選べ
る。おはぎによって異
なるが7個入りで1800
〜1900円

生ケーキ各種　生ケーキは西武池袋店と羽田空港店で販売

※季節によりラインアップは変更になる場合あり

花をかたどった愛らしいお菓子

TOKYO TULIP ROSE

トーキョーチューリップローズ

キュートな見た目とおいしさで多くの人を魅了する人気店。チューリップローズは、ラングドシャで作る花びらの中になめらかな口溶けのホイップショコラを詰めた看板商品。

西武池袋店　**Map** P.116-B2　池袋

🏠豊島区南池袋1-28-1 西武池袋本店西武食品館B1スイーツ&ギフト　☎03-3981-0111（代表）　🕙10:00〜21:00、日・祝〜20:00　無休　🚉JR池袋駅東口直結　🛍都内にほか2店舗あり　URL www.tuliprose.jp

❶

❷

金井理仁シェフがプロデュース!

こだわりポイント

左からスフレチーズドチューリップ、チューリップローズショート、ショコラーネローズ レモンバーベナ（各810円）。すべてパティシエによる手作り。モン・ブラン（→P.58）もおすすめ!

1. 新作のチューリップローズ チーズ6個入り1134円。ラングドシャにもホイップショコラにもチーズを使用 2. ローズガーデン16個入り2430円

西武池袋店店長の矢崎梨紗さん

キラキラ輝く花のスイーツ

PÂTISSERIE PARADIS

パティスリー パラディ

食べられる花、エディブルフラワーをフレッシュなままババロアに閉じ込めた花のババロアが話題。ペタル、フルール、ブーケの3種類の大きさがあり、ブーケのみフルーツ入り。

小石川本店　**Map** P.116-B2　小石川

🏠文京区小石川3-32-1 小石川ビアット1F　☎03-3816-2290　🕙11:00〜19:00、土・日・祝10:00〜　年末年始　3日前までに要予約　🚉地下鉄後楽園駅6番出口から徒歩10分　URL patisserie-paradis.com

❶

花のババロア　写真はひとくちサイズのペタル。8個入りで1944円

こだわりポイント

下はババロア、上はゼリーの2層構造で、ババロアはヨーグルト、クリームチーズ、フレーズ、ブルーベリー、オレンジの5種類。ほんのりビターな花とババロアの優しい甘さがマッチ。

❷

パティシエの勝間泰啓さん

1. 手のひらサイズのフルール1個378円 2. ブーケ（2808円〜）は直径約15cm

CAFE OHZAN

カフェ・オウザン

ラスクにドライフルーツやナッツ、メレンゲ細工のバラなどで色鮮やかにデコレーション。心華やぐルックスと上品な味わいにファンが多い。スティック、キューブ、クロワッサンの3種類がある。

池袋東武店

Map P.116-B2 池袋

🏠豊島区西池袋1-1-25 東武百貨店 池袋本店地下1階 洋菓子売り場(6番地) ☎03-5396-6456 🕙10:00～20:00 🈶年に数日 🚃JR池袋駅西口直結(有楽町線側入り口すぐ) 🏠都内にほか3店舗あり 🔗onlineshop.cafe-ohzan.com

珍しいクロワッサンのラスク。各432円

手のひらサイズのキューブラスク。5個入りで1620円

Cute topping!

季節限定商品も出ます♪

スタッフの岩崎詩菜さん

スティックラスク

3本入ったセットは3種類あり、各864円。プチギフトにいいサイズ

パルフェ ア アンポルテ

果物の旬に合わせて約半月ごとに新作が登場。写真右は1728円

ASAKO IWAYANAGI PLUS

アサコ イワヤナギ プリュス

大人気店「PÂTISSERIE ASAKO IWAYANAGI」の隣に立つ姉妹店。焼き菓子をはじめ、季節のフルーツを使った芸術的なパフェ、パルフェ ア アンポルテのテイクアウトが可能。

Map P.118-C1 等々力

🏠世田谷区等々力4-4-5 ☎03-6809-8355 🕙11:00～18:00 🈶月・火(祝日の場合は営業) 🚃東急大井町線等々力駅北口から徒歩3分 🏠PÂTISSERIE ASAKO IWAYANAGI (→P.57) 🔗asakoiwayanagi.net

①

②

1. 季節の焼きタルト、ゴルゴンゾーラチーズとクルミ・はちみつ(540円)。チーズを使ったスイーツも得意 2. 季節の焼きタルト、タルトレット シトロン(594円) 3. タルトの種類が豊富

21

lovely!

グレイシアはミルクとチョコレートの2種類あり、8個入り各1080円

1. クッキー＆チョコのハローベリー（10〜4月のみ）　2. やわらかチョコに生イチゴをのせたオードリー　3. 箱もかわいい！

**ラブリーな
イチゴスイーツが大人気**

AUDREY
オードリー

イチゴをフィーチャーしたスイーツブランドで、ラングドシャでイチゴをくるりと包んだブーケのようなお菓子、グレイシアが大ヒット。パッケージもおしゃれでかわいいと、女性を中心に人気がある。

日本橋髙島屋店
Map P.121-A2 日本橋

🏠中央区日本橋2-4-1 日本橋髙島屋S.C. 本館B1 ☎03-3211-4111（代表）🕙10:30〜19:30 🈺不定休 🚇地下鉄日本橋駅B3出口直結 🏠都内にほか2店舗あり

♥ **こだわりポイント**

ラングドシャとミルキーなクリーム、少し酸味のあるドライイチゴのバランスがいい。食べやすい小さめのサイズなのも◎。時期によってはナッツ入りなどの限定品が出ることも。

お花の焼きドーナツ

1個500円。ミニスワッグ入りギフトセットもおすすめ

♥ **こだわりポイント**

ドライフラワーアーティストがプロデュース。全粒粉、きび砂糖を使い、ショートニングや保存料不使用と、素材にもこだわる。

花と果実で彩る
焼きドーナツ

gmgm
グムグム

花と果物を使ったヘルシーな焼きドーナツ。キャラメルピーチ×カモミールなど定番5種類に定期に限定品が登場する。

Map P.118-A1 高円寺

🏠杉並区高円寺南3-60-10 ☎03-6877-0537 🕙金〜日・祝12:00〜19:00※営業時間はインスタグラムで確認を 🈺月〜木 🚇JR高円寺駅南口から徒歩2分 🏠【HANABAR】豊島区西池袋3-30-6 @gmgm.koenji

---

**ウエディングケーキ職人が
作る華やかクッキー**

Atelier Anniversary
アトリエ アニバーサリー

日本一のウエディングケーキ販売実績を誇る洋菓子店。華やかで美しいケーキやクッキーなどの洋菓子が楽しめる。

看板商品、キャラメルりんごのティーケーキも人気

早稲田店
Map P.119-A3 早稲田

🏠新宿区早稲田鶴巻町519 ☎03-5272-8431 🕙10:00〜19:00 🈺水 🚇地下鉄早稲田駅1番出口から徒歩5分 🏠都内にほか5店舗あり 🔗www.atelier-anniversary.com

プティデコクッキー　ショコラナッツなど4種類。4個入り810円

♥ **こだわりポイント**

北海道産バターを贅沢に使用したひとロサイズのクッキー。パッケージは季節によって変わり、写真は秋冬バージョン。

グランシェフの
本澤聡さん

生菓子・焼菓子の受賞歴多数！

プチぼうけん1

おいしくてかわいい最強スイーツを制覇！

こだわりポイント
バラの花びらのシャープで繊細な表情を表現するべく、試行錯誤を重ねて完成。1枚1枚職人の手作業で作られている。

ブーケ・ミニョン
小さなバラのつぼみのブーケを表現。3456円

可憐なバラの花束のチョコレート

MESSAGE de ROSE
メサージュ・ド・ローズ

チョコレートで作られた美しいバラの花は、お祝いや大切な人へのギフトにぴったり。ソニア・ル・ブーケ（→P.65）もおすすめ。

大丸東京店 Map P.121-A2 丸の内
🏠千代田区丸の内1-9-1 大丸東京ほっぺタウン1F ☎03-3212-8011
🕙10:00～20:00 📅1/1 🚃JR東京駅八重洲北口改札すぐ 【松屋銀座店】
中央区銀座3-6-1松屋銀座店B1洋菓子売り場 🔗www.mesrose.com 🛒

カカオの奥深い世界を知る

MUSÉE DU CHOCOLAT THÉOBROMA
ミュゼ・ドゥ・ショコラ テオブロマ

著名ショコラティエ、土屋公二氏によるチョコレート専門店。豊富な商品展開が魅力で、さまざまな味わいのチョコを堪能できる。

渋谷本店 Map P.118-B2 代々木公園
🏠渋谷区富ヶ谷1-14-9 ☎03-5790-2181
🕙10:00～20:00 📅年末年始 🚇地下鉄代々木公園駅から徒歩4分 📍都内にほか2店舗あり 🔗www.theobroma.co.jp 🛒

ルビー＆フリュイセッシェ（ハリネズミ）
画家の樋上公実子氏によるイラストもかわいい。1枚1140円

こだわりポイント
ルビーカカオ豆から生まれたチョコレートを使用。カカオニブ、ピスタチオ、ドライクランベリーがのり食感も楽しい。

こだわりポイント
しっとり濃厚な味わいのマジパン生地にあんずジャムとマジパンで作った花びらをのせ、花の形に。芳醇なバニラの香りも楽しめる。

マルガレーテンクーヘン
花を模したバターケーキ2160円

100年の歴史を紡ぐ焼き菓子

HOLLÄNDISCHE KAKAO-STUBE
ホレンディッシェ・カカオシュトゥーベ

ドイツ北西部の町、ハノーファーで約100年の歴史をもつドイツ菓子ブランド。伝統のレシピで焼くバウムクーヘンはしっとり絶品。

伊勢丹新宿店 Map P.118-A2 新宿
🏠新宿区新宿3-14-1 伊勢丹新宿店本館地下1階グランアルチザン
☎03-3352-1111（大代表）🕙10:00～20:00 📅不定休 🚇地下鉄新宿三丁目駅から徒歩1分 🏠【三越銀座店】中央区銀座4-6-16三越銀座地下2階 洋菓子売り場 🔗hollaendische-kakao-stube.jp 🛒

おしゃれで上品な大人のおもたせ

資生堂パーラー
シセイドウパーラー

味わいや品質はもちろん、高級感あふれるおしゃれなパッケージで多くの人を魅了し続ける銀座のシンボル。本店限定品も多数販売。

銀座本店ショップ Map P.121-C1 銀座
🏠中央区銀座8-8-3 東京銀座資生堂ビル1F ☎03-3572-2147 🕙11:00～21:00 📅年末年始 🚃JR新橋駅銀座口から徒歩5分 🔗parlour.shiseido.co.jp 🛒

こだわりポイント
花椿マークをあしらったカラフルなボンボンショコラ。10種類のうち7種類は定番で3種類は季節限定の味。銀座本店ショップの限定品。

花椿ショコラ
宝石のように美しいショコラ。各270円

まるで異国にいるみたい☆
世界各地のグルメ&グッズで
旅気分を味わっちゃおう!

都内には各国のご当地グルメやグッズを扱う店がたくさん。本場の味を再現したスイーツや現地から輸入したいち押しアイテムなどをゲットして、海外旅行気分もプレゼント♡

贈る相手が興味のある
国・地域から選ぼう

贈る相手が行ったことのある、または行ってみたい国や地域のものを選ぶと、会話も弾むはず!

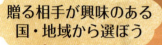

卵の味がしっかりでふわっふわ!

おいしそうね!

旅気分でショップホッピング

TOTAL 30分

オススメ時間 午前中　予算 1000円〜

複数店回るならリュックが便利
運ぶのに気を使う生菓子などを買う場合は特に、両手のあくリュックで出かけるのがおすすめ。エコバッグも念のため持参しよう。

「台湾甜商店」の台湾カステラ、甜カステラ（プレーン）580円

Asia

サクサク食感のメレンゲクッキー（600円〜）もおすすめ

ふとっちょなマカロン
トゥンカロン

左からミルクジャム入りのミルク、オレオ、サクサククランチ食感のデジバー

韓国

種類豊富なトゥンカロンが人気

MACAPRESSO　マカプレッソ

韓国生まれのカラフルでデコラティブなマカロン、トゥンカロン（各380円）を販売。定番の8フレーバーに季節限定品なども登場。

新大久保

Map P.118-A2

新宿区百人町2-3-21 THE CITY新大久保2-4F　☎03-6380-3875　9:30〜23:00（カフェL.O.22:30）無休　JR新大久保駅から徒歩2分　macapresso.com

シンガポール

カフェも併設の直営店

TwG Tea Salon & Boutique Jiyugaoka

ティーダブリュージー ティーサロン&ブティック ジユウガオカ

シンガポール発の高級茶葉ブランド。さまざまな茶葉にフルーツやスパイスをブレンドし800種以上を揃える。

Map P.122-C2　自由が丘

目黒区自由が丘1-9-8　☎03-3718-1588　ブティック10:00〜21:00、ティーサロン11:00〜（L.O.食事19:30、ドリンク&デザート20:00）無休　東急東横線・大井町線自由が丘駅南口から徒歩1分　都内ほかに3店舗あり　www.tokyugf-twg-tea.com

TwG Teaのシグネチャー
1837 BLACK TEA

スッキリとした味わいの中にフルーツやスパイスの余韻が残る看板商品。100g入り1缶4320円

台湾生まれのスイーツブランド
SunnyHills南青山店
サニーヒルズ ミナミアオヤマテン

台湾発の店。自慢のパイナップルケーキはバター香る生地にザクザク食感のパイナップルフィリングがたっぷり。

包みがカワイイ！
オリジナル布製バッグに入れてくれる

Map P.122-A2 青山

🏠港区南青山3-10-20 ☎03-3408-7778 ⏰11:00〜19:00 休年末年始不定休 交地下鉄表参道駅A4出口から徒歩7分 URL www.sunnyhills.com.tw 🛒

台湾みやげの定番
パイナップルケーキ
余計なものは入れず自然な甘さ。10個入り3000円

タロイモペースト入り
優しい甘さの豆腐デザート
芋圓杏仁豆花
フルフル食感で優しい甘さの杏仁風味の豆花。680円

台湾ご飯やデザートを販売
台湾甜商店 新宿店
タイワンテンショウテン シンジュクテン

台湾の甘味やドリンクが豊富なカフェ。台湾カステラのほか、豆腐デザートもおすすめ。

Map P.118-A2 新宿

🏠新宿区新宿3-36-10 アインズ&トルペ新宿東口店 2F ☎03-5925-8240 ⏰11:00〜22:00（テイクアウトL.O.21:50、店内飲食 L.O.21:00）休無休 交JR新宿駅東口から徒歩3分 URL taiwan-ten.com

世界各地のグルメ&グッズで旅気分を味わっちゃおう！

プチぼうけん 2

インド

スパイスを使った甘いおやつ
インドスイーツ
自家製インドスイーツを販売。1個200円〜で好みのものを詰め合わせてくれる

本格チャイが作れる
ティーマサラとアッサムティー
チャイ用スパイスのティーマサラ462円とアッサムティー409円

インドのスナック
ミニサモサ
スパイス香るひと口サイズのスナック菓子231円

ベジ商品揃えてます！
Pahadi Oma Rajさん

本格カレーが作れる

有名シェフのカレーを再現できる
カレースパイスキット
カレーの名店とコラボした本格スパイスカレーのキット。各900円

インド食材や日用品専門店
Ambika vEG & vEGAN SHOP新大久保
アンビカ ベジ&ヴィーガンショップ シンオオクボ

インドを中心とした良質な食材を扱う。特にスパイスの品揃えはピカイチでレトルトカレーなど自社商品も展開。

Map P.118-A2 新大久保

🏠新宿区百人町 1-11-29 新大久保ARSビル1階 ☎03-5937-2480 ⏰11:00〜21:00 休年末年始 交JR新大久保駅から徒歩2分 🏠都内にほか2店舗あり URL www.ambikajapan.com 🛒

Middle East & Africa

モロッコ

美肌効果が高く全身ケアに使える
アルガンオイル
一番搾りだけを使ったモロッコ産100%のアルガンオイル。50ml4180円

希少な美容オイル

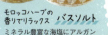
モロッコハーブの香りでリラックス
バスソルト
ミネラル豊富な海塩にアルガンオイルと香り豊かなモロッコ産ハーブの精油をブレンド。250g3520円
Fatima Morocco TOKYO → P.111

イエメン

モカコーヒー発祥の国のコーヒー豆
モカコーヒー
イエメン産の厳選されたシングルオリジンの豆。フルーティでベリーのような酸味、後味はカカオのような風味が特徴。200g3200円

Mocha → P.112 Coffee

25

Europe

程よい
バター感♡

芳醇なバターの
香りを楽しむ
クロワッサン

クロワッサンは3種類
あり、写真は定番のク
ロワッサン・エシレ
トラディシオン378円

世界初のエシレ バター専門店
ÉCHIRÉ MAISON DU BEURRE
エシレ・メゾン デュ ブール

フランス産A.O.P.認定発酵バター「エシレ」専門店。バ
ターは全種類揃うほか焼き菓子やグッズなども販売。

Map P.121-B1 丸の内

🏠千代田区丸の内2-6-1 丸の内ブリックス
クエア1F 📧非公開 🕐10:00〜20:00
🚃不定休 🚉JR東京駅丸の内南口から徒
歩5分 🔗www.kataoka.com/echire/
maisondubeurre

バター風味のマシュマロ
ギモーヴ・オ・ブール

原材料の30%もエシ
レ バターを使いバター
感たっぷり。18粒入り
1350円

北欧の洋菓子専門店
Fika フィーカ

北欧4ヵ国の洋菓子を集めた店で、
スウェーデンのお茶タイム、
フィーカ用の伝統菓子が特に人気。

Map P.118-A2 新宿

🏠新宿区新宿3-14-1 伊勢丹新宿店 本館
地下1階 ☎03-3352-1111（大代表）
🕐10:00〜20:00 🚃不定休 🚉地下鉄新宿三
丁目駅から徒歩1分 🔗www.mistore.jp/
shopping/brand/foods_b/001641.html 🛒

しっとり食感で
美味

伝統的なドイツ菓子
バウムクーヘン

HOLLÄNDISCHE
KAKAO-STUBE → P.23

国立ドイツ菓子協会の定める
レシピで作られる。1118円〜

ジャムを詰めた北欧クッキー
ハッロングロットル

しっとりクッキーとフルー
ティなジャムがマッチ。写真
はアプリコットで10個入り
1080円

ふわっと
エアリー

美食の町の濃厚チーズケーキ
バスクチーズケーキ

コクのある濃厚クリーム
チーズと表面のほろ苦さ
がベストマッチ。600円

幸せを呼ぶ
ほろほろクッキー
ポルボロン

アンダルシア
で生まれたお
祝いのお菓
子。各200円

スペイン王室御用達の老舗
Mallorca マヨルカ

マドリードに本店を構える1931年創業のグル
メストア。スペイン各地の郷土菓子やタパスな
どを販売しており、なかには珍しいものも。

Map P.118-C1 二子玉川

🏠世田谷区玉川1-14-1 二子玉川ライズS.C. テラスマー
ケット2F ☎03-6432-7220 🕐売り場9:00〜21:00、
カフェ&レストラン9:00〜23:00
（L.O.21:30）🚃無休 🚉東急
田園都市線・大井町線二子玉
川駅から徒歩3分 🔗www.
pasteleria-mallorca.jp 🛒

マヨルカ島のご当地菓子パン
エンサイマーダ

外はカリッ、中はじゅ
わっと溶けるような食
感のラードを使った渦
巻きパン230円

ポルトガル 🇵🇹

ふわふわ生地の中は半熟でとろ〜り！

卵の味が濃く、口の中でなめらかに溶けていく。冷やしても美味

サクサク＆クリーミーなエッグタルト
パステル・デ・ナタ
サクサクのパイ生地に濃厚玉子クリームがたっぷり入った看板商品。1個230円

中はとろ〜り！

連日行列のポルトガル菓子店
NATA de Cristiano
ナタ・デ・クリスチアノ

1日1000個売れるというエッグタルトや半熟カステラなど、シンプルな材料で作る完成度の高いポルトガル菓子はどれも絶品！

Map P.118-B2 代々木公園

🏠 渋谷区富ヶ谷 1-14-16 スタンフォードコート 103 ☎03-6804-9723 ⏰10:00〜19:30 🈳無休 🚇地下鉄代々木公園駅1番出口から徒歩4分 🔗sato-shoten.net 🛒

チキンパイ
エンパーダ・デ・フランゴ
肉のうま味がぎゅっと詰まったしっとりチキンをパイで包み焼き上げた1品。1個242円

 試作を重ねた力作

ポルトガル発祥の半熟カステラ
パン・デ・ロー
しっとりやわらかな半熟カステラは3種類あり、プレーンは910円

世界各地のグルメ＆グッズで旅気分を味わっちゃおう！

ロシア 🇷🇺

パッケージが個性豊か
ロシアチョコレート
左のふたつはソ連時代からの定番チョコ270円〜。右のふたつはダークチョコ各648円

伝統模様がかわいい

6種類あり各322円
チョコレートでコーティング

花＆果実入り紅茶
華やか＆高級感のある箱入り

ギフトに人気

ロシア食材専門店
赤の広場 銀座店
アカノヒロバ ギンザテン

在日20年以上、ロシア出身のヴィクトリアさんによるロシア食材店で、日本人の好みに合わせて厳選した商品を販売。

Map P.121-C2 銀座

🏠 中央区銀座1-20-14 ☎03-6263-0773 ⏰11:00〜19:00、土・日・祝〜18:00 🈳無休 🚇地下鉄銀座一丁目駅10番または11番出口から徒歩4分 🔗victoriashop.jp

濃厚クリームチーズのケーキバー
プレミアムチーズ
ロシアの濃厚なカッテージチーズのスイーツ、シローク

新感覚のハチミツスフレがめずらしい
PERONI
ふんわり軽いスフレ仕立てのハチミツ4種類と紅茶の詰め合わせ2916円

イタリア 🇮🇹

ふわふわ生クリームをサンド
マリトッツォコンパンナ
レモンピール入りの自家製パンに軽めの生クリームがたっぷり！

モチッと食感のパンも美味

ローマ風ピザとジェラートの店
A REGA ア・レガ

切り売りピザなどローマの食文化を発信。郷土スイーツのマリトッツォ（380円）はイタリア人が認める本場の味。

Map P.123-C2 白金台

🏠 港区白金台3-18-5 ☎03-6450-3499 ⏰11:00〜19:00 🈳月・第1日曜、不定休 🚇地下鉄白金台駅1番出口から徒歩6分 🔗www.aregapizza.com

旅気分、満喫したよ♪

プチ ぼうけん2

27

初めてでも作れる 伝統工芸体験で 世界にひとつだけの粋な東京みやげを！

「唯一無二の手みやげ」を求めて物作りにチャレンジ。贈る相手のことを思い、心を込めて作った物は、味わいとぬくもりのある特別な品に。物作りの楽しさや伝統文化にも触れられて、貴重な体験になるはず。

「藍」のにおいがする

どんなふうに染まるかな

Aizome

美しい色合い目指して 藍染め体験

ジャパンブルーとも呼ばれ、古くから愛されてきた藍染め。使ううちに色合いの変化が楽しめるのも魅力。染液に布を浸けて染めていく作業に没頭し、染め上がりと対面する瞬間はワクワクが最高潮！

藍染め体験

TOTAL 1時間〜

 オススメ時間 10:00〜 16:00

 予算 2000〜 1万4500円

 参加は手ぶらでOK

手ぬぐい、バッグ、Tシャツ、ストールなどを制作できる。染め方は絞り染めのほか、ろうけつ染め、型染めがあり、ホームページで体験したい技法を選んで要予約。所要時間は45分〜。洋服が汚れないようエプロンやグローブを貸してくれる。

藍染めとは

タデ科の植物、蓼藍（たであい）を発酵させた「すくも」という染料を用いる染色法。日本へは奈良時代の頃に伝来したといわれる。江戸時代に盛んになり、着物やのれん、手ぬぐいなどに多用。明治時代、日本を訪れた欧米人に「ジャパンブルー」と呼ばれ、日本を象徴する色に。藍染めには防虫、消臭、抗菌、日焼け防止の効能もある。

ここで体験！ 和なり屋 ワナリヤ

藍染めと機織りの伝統文化を体験できる工房。日本文化をより広く伝えることをコンセプトに活動。店のスタッフが作成した作品も販売している。

Map P.117-A1 入谷

🏠 台東区千束1-8-10 黒澤ビル1階
☎ 03-5603-9169 🕐 10:00〜19:00（藍染め体験〜17:30） 🚫 不定休 💬 要予約
🚃 つくばエクスプレス浅草駅A2出口から徒歩8分、地下鉄入谷駅1番出口から徒歩10分
🌐 wanariya.co.jp

機織りも体験できる
コースターやインテリアマットなどが作れる。約10cm四方のコースターで所要40分。

コースター織り体験は1枚3300円

絞り染めの手ぬぐいを作る

絞り染めは生地を折りたたんだり、輪ゴムで縛ったりして染色する方法。縛った部分が白い模様になる。輪ゴムの位置や縛り方、染料の浸透具合で模様や風合いが変わり、思いがけない模様が生まれることも。

1 作るものを決める

手ぬぐいや巾着、Tシャツなどのなかから作るものをチョイスしたら、作業用エプロンを着用

2 藍染めについてレクチャー

染料の配合や染め具合で、なんと48色の青色があるのだそう

3 絞り方を選んで模様を決める

絞り染めは輪ゴムの縛り方によって模様が決まる。見本の柄を見ながら、どんな柄やデザインにするか決める

これは「麻柄模様」です

5 染色用の手袋を着用

準備OK!

作業スタート!

4 布を折りたたみ縛る

「麻柄」の縛り方を選び、アドバイスどおりに布を折りたたむ。三角の等辺をきれいに合わせて折るのがコツ

三角形の角を2ヶ所輪ゴムで縛る

縛り方と染め上がりの見本

6 染料に浸ける

樽に入った染料に縛った布を浸けて、両手で布全体に液が浸透するように揉み込む

表面の泡は微生物が生きている証拠

うまく染まりますように

7 取り出して空気にさらす

しばらく浸けたあと、スタッフの合図で取り出して空気にさらす。これを複数回繰り返す

ココが大事!

最初に取り出したときは緑がかった色だけど、空気に触れることで青色に変化。繰り返し染料に浸けることで色がどんどん濃くなる。2回目以降は全体に染料が行き渡るように折り目の間まで浸けること。

販売している作品

巾着
花やネコなどの型を浮かび上がらせる型染めを施した巾着(各1500円)

Tシャツ
「木目絞り」という手法のTシャツ(1万1000円)

バッグ
キャンバス地のバッグ(4600円〜)

思ったよりきれい!

8 染色完了

手ぬぐいの場合は7回くらい浸け、黒っぽい色になったところで終了。スタッフが水洗いして脱水してくれる

できあがり!

今回の体験は2000円

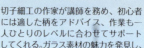

約200年の歴史がある 切子(きりこ)に挑戦

切子細工の作家が講師を務め、初心者には適した柄をアドバイス、作業も一人ひとりのレベルに合わせてサポートしてくれる。ガラス素材の魅力を発見し、繊細な技術に触れられる。

Kiriko

光にかざすときれい

切子体験
TOTAL 1時間30分

オススメ時間 10:15〜 15:00

予算 3300円〜

1〜36名まで参加可能

ホームページの空き状況を確認し、予約フォームで予約する。体験の所要時間は1時間30分(2時間コースもあり)。特別な持ち物は不要だが、必要があれば髪ゴムやめがねを用意。

切子とは

透明、または色のついたガラスの表面に彫刻や切り込みを入れて装飾を施す技法。カットグラスの和名で、江戸切子や薩摩切子が有名。江戸切子は江戸時代(後期)から現在まで江戸(東京都)で生産されている切子細工のガラス製品の総称。

ココで体験!

創吉 ソウキチ

浅草駅前にあるグラス専門店が行う体験教室。10歳以上参加可能。学生や会社の団体、家族連れや海外の旅行客まで幅広い客層。

Map P.117-B2 浅草

🏠 台東区雷門2-1-14 四方レジデンス
☎ 03-6802-8948　⏰ 店舗11:00〜19:00、土・日・祝10:00〜18:00、体験教室10:15、13:00、15:00(休日8:30、16:45の回が追加)　休 年末年始　予 要予約　📍 地下鉄浅草駅4番出口から徒歩1分
🌐 www.sokichi-workshop.com

体験スタート!

1 グラスを選ぶ

3タイプの種類、複数ある色のなかから好きなグラスをチョイス。色かぶせグラスは追加料金がかかる

薄い色がカットしやすいです

2 削りの練習

練習用の透明グラスに書かれた黒い線に沿って研磨盤を押し当てて削る練習をする。各自の特性を見て、先生が本番用の模様をアドバイスしてくれる

ココが大事!
初心者は難しい模様を選ぶと大変。先生のアドバイスを聞いてレベルに合った模様を選ぶのがポイント。

3 デザインを決め下書きをする

見本のグラスを参考にデザインを決めたら、グラスにマジックでカットする線を下書き

むずかしい…

集中しました

できあがり!

4 カット作業

大まかに削ったあと、太さや深さの変化をつけるように模様を刻んでいく。真っすぐな線を削るのさえ難しく、プロの技の凄さを実感

今回の体験は6074円

販売している作品

江戸切子

渦-uzu-と名づけられたぐい飲み(2万2000円)。江戸切子の伝統模様、魚子(ななこ)が美しい

琥珀色が印象的なグラス、アンバーオールド(2万8600円)

オリジナルの切子グラス

体験教室の講師、創一郎さんの作品、aquaticシリーズ(1650円〜)

金属を切ったりたたいたり 鍛金体験
たんきん

鍛金はなじみが薄いが、日本の伝統技法。一枚の金属板がどんどん変化するおもしろさを体感してみよう。冷たいイメージの金属が、打つほどにあたたかみが生まれるのが不思議。

フムフム

Tankin

鍛金体験

TOTAL 2時間

オススメ時間 火・木曜18:30 土曜11:30、13:35、15:40

予算 6000〜6500円

少人数制できめ細かい指導

銅皿、錫小皿、シルバーリングが作れる。作りたい物を選んでホームページから予約。いずれも2時間で完成し、持ち帰れる。作業しやすい服装で参加。

鍛金によって金属が変化する工程

鍛金とは

金属の加工技術のひとつで、金づちなどでたたいて金属を打ちきたえて成形する技法。弥生時代に大陸から日本に伝わり、刀剣や装身具、仏像に鍛金の技法が使われた。現在は鍋や食器、インテリアなどを製作。

ココで体験！

金属工芸工房アーティス

キンゾクコウゲイコウボウアーティス

鍛金・彫金を用いる造形を行う工房。作家の鮫島貴子氏が主宰し、作品の制作、販売、ものづくり教室を開催。

Map P.116-B2 大塚

🏠豊島区北大塚2-16-4 ☎03-3576-9534 🕐体験教室：火・木18:30〜20:30、土11:30〜17:40 休不定休 要予約 JR大塚駅北口から徒歩2分 URL www.atelier-artis.com 🛒

錫小皿を作成！

講師の鮫島貴子さん

1 切る形をコンパスで印付け

錫に銅を5%混ぜた10cm四方、1.4mmの厚さの特注板を使用。丸くカットするための目印の線を描く

余計な力は入れずに

2 金切鋏で切る

力を入れず刃を合わせるように、刃の真ん中から先端付近で切っていく

ストレス発散！

4 鎚目をつける
つちめ

金づちを打ちつけて丸い鎚目を入れていく

ココが大事！
縁から打ち始めて内側へ。きれいな丸い模様になるよう金づちの芯をとらえて板面にぴったり当てる。密に打つか、ランダムに打つかは感性で！

3 ヤスリをかける

きれいに丸くなるようにヤスリがけをし、耐水ペーパーで磨く

アクセサリー入れによさそう。錫は柔らかい金属なので、硬い物でこすったり洗ったりしないように。今回の体験は6500円

5 木づちでたたいて深さを作る

錫板をくぼめ台に置いて、台の丸みに沿わせ縁から2cmくらいの所を木づちでたたいていくと徐々に立ち上がってくる。当て金という道具を使えば、深さのあるぐい飲みも作れる

初心者向けの手順で完成した錫皿

できあがり！

販売している作品

銅のカップ

銅の一枚板から作り、内側に錫を塗布してある。ビールやお酒がおいしく飲めるカップ（3万3000円〜）

錫のぐい飲み

錫は熱伝導率が高く冷たいまま飲めるので、冷酒におすすめ（9900円〜）

※すべて注文制作で対応。

ツウな手みやげが潜む魅力的な街3
心躍る街探索へGo!

東京の情緒が残る街やおしゃれタウンを散策しつつ、その土地ならではの逸品をゲット。
足の向くまま歩いて街の魅力も満喫しちゃおう!

迷路
みたい……

神楽坂を散策

TOTAL
4時間

オススメ
時間　11:00〜15:00

予算　4000円〜

日曜・休日の午後は歩行者天国
坂上の神楽坂駅から地下鉄飯田橋駅近くの神楽坂下に向かって、神楽坂通りを軸に歩こう。行程は約1.5km。神楽坂通りは日曜・休日12:00〜19:00は歩行者専用になる。路地は住宅街でもあるのでマナーを守って散策を。

4コマ漫画の
コボちゃん像

伝統とモダンが交わる
石畳の路地裏散歩

神楽坂
KAGURAZAKA

ケヤキ並木の
神楽坂通り。飲食店が多く、和雑貨のほか老舗の履物や陶器の店もある

Kagurazaka history
神楽坂のヒストリー

江戸時代に神楽坂通りが開通。周辺は武家屋敷や神社仏閣が多く、神楽河岸(船着場)が造られ活気あふれる町に。明治から昭和にかけて花街(芸者屋の集まる街)が栄えた。夏目漱石や尾崎紅葉など文人が愛した町でもあり、戦後はフランス人が多く住み、フレンチレストランやカフェが増え「東京のプチ・パリ」とも。

作者の植田まさし
氏が神楽坂に住ん
でいた縁で設置

ココで
買える
モノ
● 和雑貨
● 和コスメ
● スイーツ

大通りの神楽坂通りから路地に入れば、歴史と文化が薫る大人の雰囲気。隠れ家のような料亭が並ぶ石段は別世界へとつながっていそう。旬のスイーツ店やカフェがあるのも魅力。

神楽坂駅

神楽坂シュークリーム280円

毎日でも飽きないシュークリーム

A コパン

地元に愛される喫茶店。約40年前、2代目が洋菓子を主力にして以来、当時のレシピを受け継ぐシュークリームが看板メニューだ。カスタードと生クリームの2層でボリュームがあるが、甘さ控えめでペロリといけちゃう。

洋菓子のほか
モーニングや
ランチセット、
パスタが人気

Map P.120-C1　神楽坂

昔から
変わらない
店です!

🏠新宿区神楽坂6-50 勝村ビル1F　☎03-3267-7779
🕖7:00〜21:00、土・日・祝8:00〜20:00 ㊡不定休
🚇地下鉄神楽坂駅1a出口から徒歩1分
URL copain-cafe.net

3代目店主の勝村さん

KAGURAZAKA MAP

N
0m　　100m

Ⓐ コボちゃん像

兵庫横丁
かくれんぼ
横丁

大久保通り

毘沙門天
善國寺

神楽坂通り
Ⓑ
Ⓒ

みちくさ
横丁

飯田橋
駅

Ⓓ

牛込神楽坂駅

芸者小道

飯田橋駅

外堀通り

牛込橋

Ⓔ

おしゃれな
店も多い

牛込橋は江戸
城外郭門の名
残。そばに石
垣の一部も

休憩や食事にひとりでも入りやすい

江戸の情緒漂う路地
横丁めぐり B

徒歩5分

神楽坂通りから脇へ入ると「横丁」と名づけられた路地がある。なかでも趣があるのは兵庫横丁とかくれんぼ横丁。

Map P.120-C2

路地の奥にフレンチの店

芸者小道
神楽坂通りの南側、銭湯「熱海湯」に続く石段の道

みちくさ横丁
30mほどの袋小路に居酒屋やスナックが並ぶ

かくれんぼ横丁
曲がり角が多く、「この路地に入れば人目を忍べる」というのが路地名の由来とか。黒塀に囲まれた店は和食のほかフレンチやイタリアン、中華と、グルメな横丁

プチぼうけん♪

心躍る街探索へGo!

兵庫横丁
戦国時代に武器庫（兵庫）があったことが名前の由来。黒塀の老舗料亭が風情を醸す

徒歩3分

1. 樹齢200年の秋田杉で作った「大館曲げわっぱ」の弁当箱8800円～
2. 隣の甘酒専門店「のレン MURO」（→P.77）のいち押し、神楽坂甘酒各864円～。厳選の米と麹のみで作られた優しい味わい 3. 米麹の保湿成分を配合したスキンケア用品も人気。ハンドクリーム、マルチバーム（各1650円）、入浴剤（297円）など

徒歩4分

すてきな和小物に出合える
のレン D

温故知新にスポットを当て、日本の魅力いっぱいの品々をセレクト。文豪愛用の原稿用紙からキッチン雑貨、ミニ盆栽までバリエ豊富。

Map P.120-C2 神楽坂

🏠 新宿区神楽坂1-12 ☎03-5579-2975
🕐11:00～19:00 休無休 🚇地下鉄飯田橋駅B3出口から徒歩1分 🌐noren-japan.jp/store/kagurazaka
🛒

吉祥模様をデザインした手ぬぐい（1540円～）とハンカチ（660円）。柄に成功、家内安全、長寿など意味があるので、贈る相手を思ってチョイス

メロン尽くしのスイーツ
果房 メロンとロマン G
カボウ メロントロマン

1階はショップ、2階がカフェ

メロンへの愛情に満ちたメロン専門工房。時期によって最良のメロンを取り寄せ、斬新なスイーツを創作。本物のメロンだけを使ったクリームソーダは極上の一品。

Map P.120-C1

神楽坂

🏠 新宿区神楽坂3-6-92 ☎03-6280-7020 🕐11:30～17:30 休月・火（祝日の場合は営業）🚇地下鉄飯田橋駅B3出口から徒歩5分 🌐melon-roman.com

1. メロンクリームソーダ680円（左）とメロンのシュークリームキューブ730円（右）
2. テイクアウト用のメロン風味のバスクチーズケーキ530円

レーズンパンを使用した生メロンのフルーツサンド各600円

縁結びの神社
東京大神宮 E
トウキョウダイジングウ

「東京のお伊勢さま」と称され、神前結婚式を初めて行った神社。縁結びの御利益も有名で、良縁のお守りやおみくじが数多くあり、人気。

Map P.120-C2 飯田橋

🏠 千代田区富士見2-4-1 ☎03-3262-3566 休参拝自由（授与所8:00～19:00）🚇JR飯田橋駅西口から徒歩5分 🌐www.tokyodaijingu.or.jp

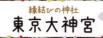

縁結び鈴蘭守、各800円

1. 和紙人形が付いたおみくじ「恋みくじ」。恋愛成就のための助言が記されている
2. 荘厳なたたずまいの社殿。週末は参拝者でにぎわう

徒歩10分

情緒あふれる下町で
ぶらりお宝探し

谷根千
YANESEN

ココで買えるモノ
- 竹久夢二グッズ
- 日用品や陶器
- 和菓子

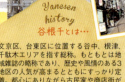

Yanesen history
谷根千とは…
文京区、台東区に位置する谷中、根津、千駄木エリアを指す総称。もともとは地域雑誌の略称であり、歴史や風情のある3地区の人気が高まるとともにすっかり定着。都心にありながら古民家や商店街が残り人情味のある谷根千は、人を引きつけてやまない。

不忍通りの裏通り、どこか懐かしい街並みに潜む小さなギャラリーやカフェ、雑貨店などをのぞきつつお散歩。谷中銀座商店街で買い物をしたり食べ歩きしたりするのも楽しい。

谷根千を散策
TOTAL 4時間

- オススメ時間 13:00～17:00
- 予算 4000円～

ルートを確認して出かけよう
最寄り駅は根津、千駄木、日暮里駅。根津からスタートし、不忍通り東側の通称「へび道」から「よみせ通り」を通り、谷中銀座へ約2km。路地に寄り道しつつのんびり散策するのがおすすめ。

「夕やけだんだん」（→P.35）の階段上から見た谷中銀座商店街

① ② ③

A

大正ロマンに浸る
竹久夢二美術館
タケヒサユメジビジュツカン

創設者の鹿野琢見氏が収集した夢二作品を、年3～4回実施する企画展で200～250点を展示し、夢二の魅力をさまざまな角度から掘り下げる。

Map P.120-B1 根津

- 🏠 文京区弥生2-4-2 ☎03-5689-0462
- 🕙 10:30～16:30（最終入館16:00）
- 📅 月・火、展示替え期間中、年末年始
- 💴 1000円（大・高生900円、中・小生500円）※併設の弥生美術館入館料も含む
- 🚇 地下鉄根津駅1番出口から徒歩7分
- 🔗 www.yayoi-yumeji-museum.jp

美人画をはじめモダンなデザイン画など幅広い作品を展示

1. 竹久夢二作品のグッズ。写真はキャンバス地のブックカバー各1300円 2. 竹久夢二作品のカード各120円。「家族双六」は少女雑誌の付録だった 3. 夢二作品をプリントしたパスケース各1500円

竹久夢二って?
大正時代を中心に活躍した画家・詩人。独特の美人画を数多く残し、雑誌の挿絵や書籍の装丁、日用品のデザインも手がけた。

谷中銀座商店街につながる「よみせ通り」

夕やけだんだん
日暮里駅
D
よみせ通り
上野
千駄木
千駄木駅
谷中霊園
C
YANESEN MAP
GOAT P.90
谷中
へび道
根津のパン P.35

不忍通り
根津
B
言問通り

谷中霊園は桜がきれい

根津駅
A

0m N 200m

心躍る街探索へ→Go!

B レトロかわいい元祖タワシの店

亀の子束子 谷中店

カメノコタワシ ヤナカテン

徒歩10分

100年以上にわたって愛用されるタワシをメインに扱う「亀の子束子」が運営。おなじみ亀マーク入りの暮らしにまつわるオリジナル商品を販売。

Map P.120-B1 根津

🏠文京区根津2-19-8 SENTOビル1階A
☎03-5842-1907 🕐11:00～18:00
🈳無休 🚇地下鉄根津駅1番出口から徒歩2分 【本店】
北区滝野川6-14-8
🔗www.kamenoko-tawashi.co.jp

天然素材 商品買たわし
亀の子束子
パームチビッコP

1. ミニタワシのキーホルダー、タムラさん660円 2. 定番のミニタワシ407円 3. 手肌にも環境にも優しい食器用洗剤各770円 4. 柄付きの亀の子ジャンプ各550円。靴洗い、鉄フライパンの手入れに

Kamenoko Wash
Kamenoko Wash

カフェを併設しているので休憩にぜひ♪

店長の早戸千寿さん

徒歩2分

C 日本酒に合う和菓子を創作

和菓子 薫風

ワガシ クンプウ

1. 店内でお酒と和菓子が楽しめる。手前はコーヒー風味のゴボウの錦玉羹にスパイス入りの浮島を合わせたごぼう夢 2. 看板商品のどら焼きレモン324円。粒あんの甘さとレモンのほろ苦さが絶妙に合う

和菓子は日本酒にも合うんです

店主であり料理人のつくださちこさん

コンセプトは和菓子と日本酒のマリアージュ。厳選した素材を用い工夫を凝らした創作和菓子を日本酒と組み合わせて提供。和菓子は購入も可能。

Map P.120-A1 千駄木

🏠文京区千駄木2-24-5 1F
☎03-3824-3131
🕐13:30～20:00、土・日～19:00
🈳月・火定休、土・日不定休
🚇地下鉄千駄木駅1番出口から徒歩3分
🔗www.wagashikunpu.com

くねくねした「へび道」を探検

路地にギャラリーや動物パンの店が

藍染川を埋め立てた道で、千駄木あたりは曲がりくねっているので通称「へび道」と呼ばれる。カフェやパン屋、アンティーク店などがあり、先に何があるのかワクワク

D ネコ尽くしの名物商店街

谷中銀座商店街

ヤナカギンザショウテンガイ

徒歩10分

下町グルメも盛りだくさん

どこか懐かしい谷中銀座商店街

昭和の時代にタイムスリップしたかのような風情の商店街。170mほどの通りに約60軒の店がズラリ。魚屋、総菜店、酒屋など地元密着店、和小物やスイーツなど観光客向けの店もあり、ネコのオブジェもあちこちに。

Map P.120-A1 谷中

🏠台東区谷中3-13-1
🈳🕐店によって異なる 🚇地下鉄千駄木駅2番出口、JR日暮里駅西口から徒歩5分
🔗www.yanakaginza.com

商店街につながる階段、夕やけだんだんは人通りが絶えない

「ネコの町」でも有名！
谷中銀座商店街のあたりは、以前はネコがよくひなたぼっこをしていたそう。現在は少なくなったとはいえ、裏通りの路地や谷中霊園では遭遇率高し！ ネコをモチーフにしたスイーツや猫雑貨の店が多く、ネコ好きにはたまらない。

七福猫を探そう

「七福猫」と呼ばれる7匹の木彫りネコが商店街のあちこちにある。見つけると幸運に!?

徒歩8分

ココに立ち寄り！
地元の人ご愛用「根津のパン」

もと豆腐屋だったというお店は和風の趣。国産小麦と自家製酵母で焼き上げるパンは、しっとりふわふわ。黒豆や大葉、七味など和の素材を使ったパンがおすすめ。

Map P.120-B1 根津

🏠文京区根津2-19-11
☎なし 🕐10:00～19:00
🈳月・木
🚇地下鉄根津駅1番出口から徒歩1分

ニャンコをパチリ

暮らしを彩る
愛らしい店の宝庫

自由が丘
JIYUGAOKA

ココで
買える
モノ
● スイーツ
● コーヒー豆
● スパイス

緑の多い住宅街にしゃれた雑貨店やカフェ、スイーツ店がたくさんあり、女性のハートをつかんで離さない街。最旬のスイーツやスペシャルな逸品を手に入れるなら迷わず自由が丘へ。

スイーツなら
この3店！

大人気の
ティーコン
フェクト12枚
入り2600円

モンブラン（→P.58）は一度は賞味したい看板商品。喫茶を併設

A 日本で初めてモンブランを販売
自由が丘モンブラン
ジュウガオカモンブラン

スイーツ激戦区の自由が丘で1933年の創業以来、変わらぬ人気を誇る洋菓子の名店。モンブラン発祥の店として知られるが、焼き菓子のティーコンフェクトや生菓子の評価も高い。

サバラン（650円）はラム酒が効いた大人の味

Map P.122-C2 自由が丘

🏠 目黒区自由が丘1-29-3
☎ 03-3723-1181 【販売】
11:00〜19:00、喫茶11:00〜
18:00（L.O.17:30）【休】1/1、不定休 【交】東急東横線・大井町線自由が丘駅正面口すぐ
【URL】mont-blanc.jp 🛒

C 希少カカオのBean to Bar店
MAGIE DU CHOCOLAT
マジ ドゥ ショコラ

「カカオを楽しんでもらいたい」と、店内にはカカオの買い付けからチョコレートになるまで一貫して製造した自慢のチョコレート菓子が並ぶ。なかには希少カカオを使った品も。

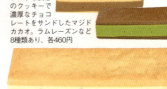

Map P.122-C1
自由が丘

🏠 世田谷区奥沢6-33-14
1F ☎ 03-6809-8366
🕙 10:00〜19:00（カフェ
L.O.17:30）【休】火
【交】東急東横線・大井町線
自由が丘駅南口から徒歩3
分 【URL】
magieduchocolat.jp 🛒

B しっとりふわふわのロールケーキ
自由が丘ロール屋
ジュウガオカロールヤ

パティシエ辻口博啓氏によるロールケーキ専門店。ふんわりスポンジになめらかなクリームが絶妙にマッチ。看板商品の自由が丘ロールのほか、抹茶など、旬の素材を使った季節限定ロールが並ぶ。

サクッと食感のクッキーで濃厚なチョコレートをサンドしたマジドカカオ。ラムレーズンなど8種類あり、各460円

Map P.122-B2 自由が丘

🏠 目黒区自由が丘1-23-2
☎ 03-3725-3055 🕙 11:00〜
18:00 【休】水・第3火、不定休
【交】東急東横線・大井町線自由が丘駅正面口から徒歩8分
【URL】www.jiyugaoka-rollya.jp 🛒

1. 季節のフルーツロール450円。ホールもある
（→P.62）2. 季節の絞りたてモンブラン、ぐるもん。
写真はオレンジ1944円

異なるカカオの食べ比べも楽しめる

ほかの商品
もチェック！ → P.71

カカオニブやカカオ
シュクレもおすすめ

自由が丘駅付近の九品仏川緑道はブティックやカフェが道行を彩り、ベンチも設置されている

自由が丘を散策

TOTAL 2時間30分

オススメ時間 11:00〜13:30
予算 5000円〜

混雑を避けるなら平日に
土・日曜は混雑し、人気店は行列ができるだ。ただし週末には緑道沿いにキッチンカーが出るなど街の活気がアップし、気分も上がる。人気スイーツ店は売り切れ回避のため早めの時間に訪れたい。

掲載店をめぐる散策プラン

九品仏駅→徒歩3分→Ｄ DEBONY COFFEE →徒歩5分→Ｃ MAGIE DU CHOCOLAT→徒歩3分→Ａ 自由が丘モンブラン→徒歩3分→Ｅ 香辛堂→徒歩4分→Ｂ 自由が丘ロール屋→徒歩8分→自由が丘駅

プチぼうけん

九品仏川緑道は緑豊かでヨーロッパの散歩道のよう

ひと休みするのにちょうどいい

線路高架下はアートギャラリーに

JIYUGAOKA MAP

東急大井町線
九品仏駅
N
0m 50m 100m

東急東横線

心躍る街探索へGo!

大勢の人が行き交う自由が丘駅正面口

ココも立ち寄り!

御朱印は二十四節季ごとにデザインが変わるので、リピートしたくなる

女子に大人気の自由が丘熊野神社
ジュウガオカクマノジンジャ

カフェやショップが連なる通りにある鎮守の杜。良縁を授けるといわれる御祭神に見守られ、御神木のケヤキにも不思議な力が宿る。

御神木の樹皮を封入したお守り各800円

Map P.122-C2 自由が丘

朱塗りの社殿が正面に。境内の季節の花々が目を楽しませてくれる

🏠目黒区自由が丘1-24-12 ☎03-3717-7720
⏰参拝自由（授与所10:00〜16:00）🚃東急東横線・大井町線自由が丘駅正面口から徒歩5分

コーヒー豆、スパイスの名店もCheck!

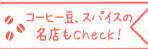

スペシャルティコーヒー専門店
Ｄ DEBONY COFFEE
エボニーコーヒー

産地の土壌や自然条件にこだわり、劣化しない輸送方法で取り寄せた最高品質のコーヒー豆を販売。おいしいだけでなく個性豊かで深みのあるコーヒーを揃えている。

プチギフトによい手提げパッケージ入りコーヒー豆1550円〜

3種類のブレンドの詰め合わせギフト4800円

Map P.122-C1 自由が丘

🏠世田谷区奥沢6-28-4 ワイズニール自由が丘1F ☎03-3702-2027
⏰11:00〜19:00、土・日・祝〜18:00 休水 🚃東急大井町線九品仏駅から徒歩3分、東急東横線・大井町線自由が丘駅南口から徒歩7分 🔗ebonycoffee.tokyo 🛒

毎日店内で豆を焙煎している

メインブレンドのエボニーシティロースト（右）がいち押し。豊かなコクと甘味のバランスがよい。シングルオリジンならエチオピアとケニアがおすすめ（200g1400円〜）

ひきたてのスパイスをゲット!
Ｅ 香辛堂
コウシンドウ

スパイスブームの火付け役ともいえる先駆け店。世界中から集めたスパイスは80種以上。ひきたてのスパイスを用途別に配合し袋詰めにしたミックススパイスが便利で人気。ドリンク用のミックススパイスもあり。

Map P.122-C2 自由が丘

🏠目黒区自由が丘1-25-20 ☎03-3725-5454 ⏰11:00〜21:00 休水・第4木、不定休 🚃東急東横線・大井町線自由が丘駅正面口から徒歩5分 🔗koushindo.net

1. 世界中から厳選されたスパイス約80種類が並ぶ 2. 肉や魚料理を引き立てるFurikake（スパイス塩）はカレー、ホット＆サワー、燻製黒コショウの3風味（各1296円）。ご飯にかけてもいい 3. 料理・食材別に調合されていて便利なミックススパイス1袋500円〜。マドラスカレー、香辛堂シーズニングが人気

37

「特別」を贈るなら
ラグジュアリーなホテルギフトをチョイス

名だたるインターナショナルホテルブランドから歴史ある日本の高級ホテルまで、上質なホテルギフトが手に入るのは東京ならでは。一度は贈り物選びに訪れたいラグジュアリーホテル7軒へGO!

名門ホテルのおすすめギフト

最上級の品質であることはもちろん、各ホテルの個性が表れるのがホテルギフト。長年愛される定番商品から最新の人気アイテムまで気になる商品をチェック!

優雅にホテルでギフト選び
TOTAL 20分〜

オススメ時間　午前中　　予算　3000円〜

必ずゲットするなら午前中
商品によっては売り切れてしまうものもあるので早めの来店か事前予約がおすすめ。オンライン販売しているものもあるので、ウェブ購入するのもいい。

ワインとの相性抜群!

リエット各種
素材の味をじっくり引き出した自慢の品。シュリンプ、サーモン、ポーク、チキンレバーペーストの4種で各2460円。キュートなイラストの容器もかわいい。

東京を一望できる高層ホテル
Park Hyatt Tokyo
パーク ハイアット トウキョウ

1. 国産果実のピュレを使ったゼリー、パート ド フリュイ2700円 2. ティーマスターがブレンドしたオリジナルレモングリーンティー。15袋入り2220円 3. 結城美栄子さんの道化師イラストがおしゃれなボトル。5020円〜 4. 浅間山麓そば粉を使った八割そばと贅沢そばつゆの「梢」蕎麦セット7020円

多数の受賞歴を誇る茶園の茶葉を使ったブレンドティー(右上写真2)など、上質素材の魅力を存分に引き出したワンランク上の味が揃う。センスのよいデザインも魅力。右上写真1のパート ド フリュイのみ2階の「ペストリー ブティック」で販売。

購入場所はココ!
DELICATESSEN デリカテッセン
総菜やスイーツを販売

Map P.118-A2 新宿
新宿区西新宿3-7-1-2 パーク ハイアット 東京 1階 ☎03-5323-3635
11:00〜19:00 無休 JR新宿南口から徒歩12分
restaurants.tokyo.park.hyatt.co.jp/dts.html

ラグジュアリーなホテルギフトをチョイス

伝統美とモダニズムが織りなす大型ホテル
The Okura Tokyo
ジ・オークラ・トウキョウ

2019年に建て替え、新たに生まれ変わった名門ホテルでは、開業当時から伝わる意匠をモチーフにした贅沢サブレや、サクサクのメレンゲとレモンカスタードが絶品のレモンパイなど幅広い世代に愛される逸品が揃う。

購入場所はココ! 150種類以上を揃えるデリカテッセン
Chef's Garden
シェフズガーデン

Map P.119-B3 虎ノ門

🏠港区虎ノ門2-10-4 The Okura Tokyo オークラプレステージタワー5階 ☎03-3505-6072
🕐6:30~22:00 休無休 🚇地下鉄虎ノ門ヒルズ駅A2出口から徒歩5分 URLtheokuratokyo.jp/dining/list/chefs_garden 🛒

1. 名店「ピエールマルコリーニ」とのコラボチョコ。15個入り5900円 2. レモンパイ570円。11:00~販売でホールは要予約

ホテルオークラ東京から受け継ぐ館内の意匠にも注目
前身のホテルオークラ東京を解体する際、ロビーの意匠や構造の学術調査が行われ、意匠はそのままに再現された。梅の花を表現するテーブル&椅子や美しい美術組子など、訪れたならぜひチェックしてみて。

サブレ 市松
16種類もの軽やか食感のサブレを、館内意匠の石畳文様をイメージして市松柄にぎっしり詰め合わせ。写真は大6000円で小4500円や塩味サブレもある。

香港発、世界10都市で展開
THE PENINSULA TOKYO
ザ・ペニンシュラ トウキョウ

ペニンシュラの代名詞、マンゴープリンをはじめ、最上級の食材をふんだんに使ったオリジナルXO醤など、ほかにはないラインアップでグルメな人々も納得の味ばかり。1階「THE LOBBY」のアフタヌーンティー(→P.109)も大人気!

購入場所はココ!
スイーツのほか中華調味料も販売
The Peninsula Boutique & Café
ザ・ペニンシュラ ブティック&カフェ

Map P.121-B1 日比谷

🏠千代田区有楽町1-8-1 ザ・ペニンシュラ東京地下1階 ☎03-6270-2888 ●ブティック11:00~18:00、カフェ11:00~17:00 (L.O.) 休無休 🚇地下鉄日比谷駅A7出口すぐ ●都内にほか2店舗あり URLwww.peninsula.com/ja/tokyo/hotel-fine-dining/the-peninsula-boutique-cafe 🛒

1. 乳牛メーカーと共同開発したクロテッドクリームを練り込んだチョコレートケーキ、ペンショコラ1730円~ 2. 2階の中国料理店「ヘイフンテラス」のオリジナルXO醤(200g6480円) 3. 100%ストレートジュース。マンゴーなど4種あり1200円~

マンゴープリン
プリン、カットマンゴー、ソースとマンゴーをとことん楽しめる看板商品。プリンの中のココナッツソースを絡めて食べると感動のおいしさ。1個777円

スイート ジャー

旬の味を詰め込んだ美しい瓶入りスイーツ。季節ごとに中身は変わり、1個734円。写真はピスタチオルージュ、レモングラス、メロンゼリーなど。

1. 季節ごとにフレーバーが異なるカラフルなエクレア。ひと口で食べられる小サイズがあるのもうれしい。1個216円〜
2. 個性豊かな11種類のチョコを詰め合わせたアンダーズ チョコレート ライブラリー2376円〜

和のアートを散りばめたモダンホテル

Andaz Tokyo
アンダーズ トウキョウ

いたるところにアート作品が飾られたアーティスティックなホテルらしく、ホテルギフトも華やかで目を楽しませてくれるビジュアルの品がずらり。和の食材のほか旬の素材を取り入れ、季節が感じられるアイテムも多い。

購入場所はココ！ 華やかなスイーツが並ぶ
Pastry Shop
ペストリー ショップ

Map P.119-B3 虎ノ門

🏠港区虎ノ門1-23-4 虎ノ門ヒルズ 森タワー アンダーズ 東京 1階 ☎03-6830-7765 🕚11:00〜19:00 🚫無休 🚇地下鉄銀座線虎ノ門ヒルズ駅B1出口（地下通路直結）から徒歩3分、A2出口から徒歩4分 🔗www.andaztokyo.jp/restaurants/jp/pastry-shop

世界の賓客が宿泊するクラシックホテル

帝国ホテル 東京
テイコクホテル トウキョウ

帝国ホテルの味を家庭で味わってほしいと1971年にオープンした「ガルガンチュワ」はホテルショップの先駆け的存在。ギフトにぴったりのスイーツをはじめ、匠の技が生きたハンドメイドのグラスなど、さすが帝国ホテルと思わせる品々が手に入る。

1. 市松モチーフをあしらったオールドファッショングラス1客3300円 2. 10種類以上の果実とナッツを使った極上のフルーツケーキ、オーチャード1万1000円

テヴェール

宇治抹茶×ホワイトチョコの生地にたっぷりの大納言小豆を入れて焼き上げた抹茶のケーキ、テヴェール（3600円）。専用のオリジナル風呂敷の包みも粋。

購入場所はココ！ ホテルショップの先駆け
Hotelshop Gargantua
ホテルショップ ガルガンチュワ

Map P.121-C1 日比谷

🏠千代田区内幸町 1-1-1 帝国ホテル 東京 本館 1階 ☎03-3539-8086 🕚8:00〜20:00 🚫無休 🚇地下鉄日比谷線日比谷駅A13出口すぐ 🔗shop.imperialhotel.co.jp 🔗www.imperialhotel.co.jp/j/tokyo/hotelshop

千代ちょこ

厚さ2mmの口溶けのよいチョコレートに江戸千代紙や着物の柄など日本の伝統的な模様をデザインした目と舌で楽しむ逸品。6枚入り2600円、12枚入り5200円

1 / 2

水と緑に囲まれ品格をたたえたホテル

PALACE HOTEL TOKYO

パレスホテルトウキョウ

日本の伝統文化や美を表現した、ほかでは手に入らない特別感のあるギフトがたくさん。1枚ごとにカカオ含有量を変えて味の変化をつけた千代ちょこのように、見た目も味も創意工夫に富んだ満足度の高い品が多い。

購入場所はココ!

名品を生み出すペストリーショップ

Sweets & Deli スイーツ&デリ

Map P.121-A1 大手町

🏠千代田区丸の内 1-1-1 パレスホテル 東京 地下1階
☎03-3211-5315 🕙10:30〜19:00 🈚無休 🚇地下鉄大手町駅C13b出口から地下通路直結 🔗www.
palacehoteltokyo.com/restaurants-bars/sweets_deli/
🔗store.palacehoteltokyo.com 🛒

1. オリジナル純米吟醸酒と八海山の酒粕を使った日本酒ケーキ、壱ノ壱3680円 2. 創業当時から愛されるスイーツ、マロンシャンティイ1個800円 3. 日本酒サブレなど人気焼き菓子の詰め合わせプティフールセック缶4320円 4. オールデイダイニングで使われているBIANCOeNERO夏トリュフの塩3780円

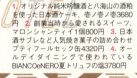

3 / 4

美しい庭園で知られる歴史あるホテル

ホテル椿山荘東京

ホテル チンザンソウ トウキョウ

ホテルの名にちなんだ椿や、庭園にたたずむホテルのシンボル、三重塔をモチーフにした個性豊かなアイテムを揃える。特に椿アイテムは豊富で、椿茶やふきよせのほか、椿の花びらコンフィチュールなどもおすすめ。

1. 紅白の椿形クッキーや金平糖などを詰めた見た目にもかわいらしいふきよせ1480円 2. 三重塔をイメージし、ユーハイム伝統製法で焼き上げたデアバウムクーヘン1350円

1 / 2

椿茶

無農薬栽培の岩手県産・自然椿の葉と甘茶とブレンドし、手もみを繰り返していねいに作られた椿茶。ほのかな甘味で美味。ティーバッグ10個入り1620円

購入場所はココ!

ペストリーから雑貨まで幅広い品揃え

Selections セレクションズ

Map P.116-B2 江戸川橋

🏠文京区関口2-10-8 ホテル椿山荘東京1階 ☎03-3943-7613 🕗8:00〜20:00 🈚無休 🚇地下鉄江戸川橋駅1a出口から徒歩10分 🔗www2.enekoshop.jp/shop/hotel-chinzanso-tokyo-selections

東京生まれのお酒に注目！
醸造所を訪ねてお気に入りを見つけよう

ワイン

ブドウの産地でなくても1年中ワインが造れ、東京の水道水だって上質の日本酒が造れる。ユニークな醸造法を駆使したワインや日本酒は、新たな東京みやげになる予感。

フレッシュなワインにうっとり

醸造現場でブドウやワインの話を聞けば、ワインを試してみたくなる。テイスティングで飲み比べれば各産地のブドウの個性を実感できるはず。気に入ったら自分用にもゲットしちゃおう！

とってもフルーティ♪

海中熟成ワインも造ってます

醸造責任者の上野さん

かんぱい！

ワイナリー見学＆試飲
TOTAL 1時間～

| オススメ時間 | 日曜 16:00～ |
| 予算 | 見学無料、試飲は300円～ |

電話かSNSで要予約

見学は日曜14:00と16:00の2回開催（最大6名）されるが、試飲希望なら併設レストランの開店時間に合わせて16:00の回へ。見学の所要時間は15～20分。レストランでは20mℓから試飲が可能（2021年8月現在レストラン休業中）。

「深川ワイナリー東京」でできるコト3
1. できたての新鮮なワインが飲めて、買える
2. ユニークな醸造法の「サプライズ！」なワインに出合える
3. 見学、収穫ツアー＆醸造体験など五感でワインが堪能できる

日本食に合うワインを醸造
深川ワイナリー東京
フカガワワイナリートウキョウ

日本各地をはじめ南半球の厳選したブドウを取り寄せ、1年中ワインを醸造。瓶内で二次発酵させた無濾過のスパークリングワインや、白ワイン用のブドウを赤ワインの製造法で造ったオレンジワインなど、独自の試みでワインの魅力を発信。

Map P.119-B4 門前仲町

🏠 江東区古石場1-4-10 高畠ビル1F
☎ 03-5809-8058 ⏰ ワイン販売12:00～22:00、レストラン17:00～22:00（L.O. 21:30）🚫月・火 📅見学は要予約
🚇地下鉄門前仲町駅4番出口から徒歩10分
🔗 www.fukagawine.tokyo 🛒

ワイナリー見学

紙芝居風にワインの製造工程を説明。その後ブドウの圧搾機や醸造タンクなど機械類について教えてくれる

屋上にブドウ畑?!

花が咲き実になる花穂です

近くのビル屋上で約100本のブドウの木を育成中。そばにワインが飲めるテラスバーあり

けっこう力がいる

コルクの打栓を体験。ハンドルを下げるとワインの口にコルクが入っていく

テイスティング

併設レストランに移動し、気になるワインを試飲。特徴や相性のよい料理も教えてくれる

おすすめワイン

ロゴのワインマンがもつ瓶や樽に注目

甲州スパークリングワイン
無濾過のまま瓶詰めしてある。ブドウジュースのような果実感が楽しめる
すっきりとした白の辛口
2640円

山梨マスカットベリーA
赤ワインのおすすめ。華やかなベリーの香りで渋みは少なく飲みやすい。甘辛い料理に合う
赤・辛口
2640円

山形シャルドネ樽熟成
フラッグシップワイン。約1年の木樽発酵、熟成でじっくりと醸造。はちみつやナッツの香り
白・辛口
3960円

甲州オレンジワイン
白ワイン用のブドウを赤ワインの製造法で造ると色がオレンジ色に。和柑橘の香りと味わい
オレンジ・辛口
2640円

長野カベルネ・ソーヴィニヨン
赤ワイン用の代表品種カベルネ・ソーヴィニヨンを、白ワインの製造で造った珍しいワイン
白・辛口
2860円

姉妹ワイナリーでも醸造中!
渋谷ワイナリー東京
シブヤワイナリートウキョウ

クラフトワイナリー併設の肉料理バル。ブドウの個性を生かし、きめ細かなワイン造りを実施。タンク直結の店内サーバーから超フレッシュなワインが飲める。試飲は30mℓから、飲み比べセットも。ワインも買える。

Map P.122-B1
渋谷

🏠 渋谷区神宮前6-20-10 MIYASHITA PARK North 3F ☎03-6712-5778 🕙11:00〜23:00 🈚無休 🚃JR渋谷駅宮益坂口から徒歩5分 URL www.shibuya.wine 🛒

白のソーヴィニヨンブラン(左端)が代表ワイン。イチゴのようなアロマのロゼ(右から2番目)は女性に人気。各3300円

1. 醸造タンクを眺めながら食事ができる
2. 5種類のワインを製造

Sake
日本酒

東京の地酒を試飲して買う
TOTAL 1時間〜

🕙 オススメ時間 13:00〜17:00
💰 予算 試飲1杯350円、清酒(720mℓ) 2420円

📋 試飲カーの営業時間を確認
店の前に「角打ち」と銘打ったテイスティングカーがあり、試飲できる(2021年8月現在休業中)。試飲・購入なら店とテイスティングカーが両方営業している土曜の午後に。おつまみは持ち込みOK。

4階建ての
ビルが酒蔵!?

江戸のロマンを秘めたお酒や、多様性と変化の東京をイメージしたお酒を創作。前身の酒屋は西郷隆盛がひいきにしていたという幕末の物語に思いをはせ、しぼりたての銘酒に舌鼓。

清酒、甘酒、リキュール etc.

「東京港醸造」でビックリ3

① 23区で唯一の酒蔵!
② 水道水で仕込む。東京の水は浄水処理が優れていて酒造りに適しているそう
③ 西郷隆盛が酒代の代わりに置いていった書が残っている!?

日本酒造り

オフィス街で醸してます
4階建てビルの171㎡のスペースで工夫を凝らして日本酒造り。米を蒸すのはベランダで

どれにしようかな〜

店前のテイスティングカーで立ち飲み!
1杯350円で飲み比べ。気に入ったお酒をゲット

小さい蔵だから1年中造れるんです
蒸した米で麹を造る杜氏の寺澤さん

東京港醸造

前身の「若松屋」は1812年創業

100年の時を超えて復活
東京港醸造
トウキョウミナトジョウゾウ

しぼりたての日本酒が買える都心の醸造所。ルーツは幕末、江戸城無血開城に向け西郷隆盛や勝海舟、山岡鉄舟らが密談を行ったと伝わる造り酒屋「若松屋」。100年を経て7代目蔵元と杜氏によって斬新な酒造りが始まった。

Map P.119-B3
田町

🏠 港区芝4-7-10 ☎03-3451-2626 🕙ショップ:11:00〜19:00、土〜17:00。テイスティングカー:18:00〜21:00、土13:00〜19:00 🈔休 🚇地下鉄三田駅A7出口から徒歩5分、JR田町駅西口から徒歩8分 URL tokyoportbrewery.wkmty.com 🛒

おすすめのお酒

オール東京とオール江戸
造られる清酒は純米吟醸酒、銘柄は「江戸開城」。東京産の米、水道水を用い、前者は東京由来の酵母を使用、後者は古くからある江戸酵母。上品な果実味で透明感のある飲み口

オール東京(左)	2420円
オール江戸(右)	3300円

純米大吟醸原酒 The Premium
「江戸開城」の最高峰。明治31年の清酒酵母を使用。マスカットやメロンのような香りのあとにうま味が

1万1000円
ラベルが芸術的!

パラカセイ
生きた乳酸菌を使用した新感覚の日本酒。酸味のなかにほのかな甘味があり、深いコクが感じられる。洋食に合う

2750円

東京あまざけと東京紅麹あまざけ
麹と米、水で造ったノンアルコールの麹甘酒。お米由来の優しい甘味。右は紅麹を使い、乳酸菌入りなので酸味もある

各1512円

実力店がズラリ！ 手みやげの宝庫
東京駅を攻略せよ！

東京における交通の要、東京駅。
駅構内のグランスタ東京をはじめとする
商業施設には注目店が集まり、
手みやげを買うにはもってこい。
数ある店のなかからおすすめをピックアップ。

東京駅のショップめぐり

	TOTAL 1時間～
オススメ時間 10:30～	予算 2000円～

通勤時間は避けて！
大勢の人が利用するターミナル駅のため、朝夕の通勤時間は避けたほうが無難。お目当ての商品を購入するためには、午前中が望ましい。午後は人気の品だと売り切れてしまうこともあるので注意！

TOKYO STATION

グランスタ東京を中心に
注目店で逸品をゲット

Getするわ！

東京駅構内のエキナカ商業施設、グランスタ東京。
限定品も多く、ここでしか買えない品も。

🛍=ショップ　☕=カフェ

東京駅構内&周辺MAP

DAIMARU

東京ギフトパレット
八重洲北口
八重洲中央口
八重洲南口
東京駅

東海道・山陽新幹線
中央乗り換え口

東海道・山陽新幹線
南乗り換え口

ecute
Keiyo
Street

北町ダイニング
(2F)

東北・上越・北陸新幹線
北乗り換え口

東北・上越・北陸新幹線
南乗り換え口

北通路

GRANSTA
TOKYO

中央通路

ecute
Tokyo

南通路

TORAYA
TOKYO (2F)
→P.46

丸の内
北口

丸の内
中央口

丸の内
南口

東京ステーション
ギャラリー

東京駅石碑

The Tokyo
Station Hotel

\日本の鉄道の中心/

東京駅ってどんなところ？

東海道新幹線など複数の新幹線の始発駅で、在来線、地下鉄も乗り入れる東京の玄関口。東京ドーム3.6個分（18万2000㎡）の総面積を誇る、日本を代表するターミナル駅でもある。開業は1914年、レトロな外観が印象的な赤れんが造りの丸の内駅舎は、国の重要文化財に指定されている。
駅構内や周辺には複数の商業施設があり、なかでも改札内・外に展開する「グランスタ東京」には、話題の店が数多く出店。東京の手みやげを買うのに一度は訪れたいホットスポットになっている。
ちなみに、東京駅には美術館の東京ステーションギャラリーや東京ステーションホテルがあり（どちらも丸の内側）、買い物以外の楽しみ方もある。

STRAT!

東京駅　トウキョウエキ

Map P.121-A1 丸の内  千代田区丸の内1丁目

JR東日本最大規模のエキナカ商業施設
グランスタ東京　GRANSTA TOKYO

東京駅構内B1～1F（改札内外）に飲食店、ショップなど約150店が集結。名店や話題の店が集まっているのが特徴でエキナカ初出店の店もある。

Map P.121-A1 丸の内
🏠 千代田区丸の内1-9-1　JR東京駅構内B1～1F
🕐 8:00～22:00、日・連休最終日の祝日～21:00
📅 無休　🚃 JR東京駅直結　💻 www.gransta.jp

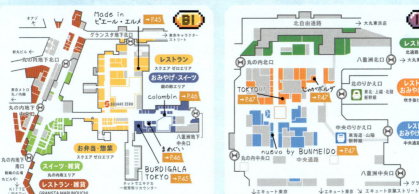

オアゾ へ
新丸ビル
丸の内地下北口
東京メトロ 丸ノ内線
丸の内地下
東京駅地下北口
Made in ピエール・エルメ →P.45
東京キャラクターストリート
B1
レストラン
スクエア ゼロエリア
おみやげ・スイーツ
銀の鈴エリア
colombin →P.46
SQUARE ZERO
お弁当・惣菜
スクエア ゼロエリア
まめぐい
丸の内地下南口
鍛冶の広場
丸の内地下
KITTE (JPタワー)
スイーツ・雑貨
レストラン・雑貨
八重洲地下中央口
BURDIGALA TOKYO →P.45
ネットでエキナカ 一括受取りカウンター
GRANSTA MARUNOUCHI

北自由通路
大丸東京店
丸の内北口
八重洲北口
レストラン
北通路エリア
大丸東京店
TOKYO!!! →P.47
じゃがボルダ →P.47
北のりかえ口
東北・上越・北陸 新幹線
レストラン・おみやげ・雑貨
吹き抜けエリア
中央のりかえ口
東海道・山陽 新幹線
レストラン・おみやげ・お弁当
中央通路エリア
nuevo by BUNMEIDO →P.47
丸の内中央口
中央通路
八重洲中央口
グランルーフ
1F
レストラン
↓エキュート東京 ↓エキュート東京 ↓エキュート京葉ストリート

手みやげの宝庫 東京駅を攻略せよ!
プチぼうけん!

グランスタ東京

日本各地のいいモノとコラボ

Made in ピエール・エルメ

メイドイン ピエール・エルメ

スイーツの巨匠、ピエール・エルメ氏が足を運び、えりすぐった日本のいいモノを世界へ発信するコンセプトショップ。食品を中心にキッチン雑貨など、優秀な生産者とコラボした商品を販売している。

🏠グランスタ東京グランスタ地下北口改札（改札内）
☎03-6268-0077 🕐🈺グランスタ東京と同じ（→P.44）🔤都内にほか5店舗あり
🌐www.pierreherme.co.jp

写真はバニラフレーバー

濃厚ソフトクリームにマカロンやメレンゲをトッピング。テイクアウト810円、イートイン825円

コレを GET! ♥

マカロン詰め合わせ

サクッと軽い生地と優しい甘さのクリームが見事。浮世絵モチーフの箱もおしゃれ。10個入り3996円

コレを GET! ♥

広尾のビスティーヌ

濃厚チーズのガナッシュをしっとりサブレでサンド。写真はビスターシュとクランベリーチーズで各4個入り907円

広尾に本店があります

1. 食事系パンに定評あり 2. ふわふわクリームが美味のモンブラン。イートインで858円

グランスタ東京

絞りたてモンブランが話題のベーカリーカフェ

BURDIGALA TOKYO

ブルディガラ トーキョー

100種類ほどのパンや焼き菓子を揃える人気店。作りたてを提供できるよう1日に何度も焼くため、店内には焼きたてのいい香りが漂う。注文を受けてから作るモンブランは東京駅限定。

🏠グランスタ東京八重洲地下中央口改札（改札内）
☎03-3211-5677 🕐7:00～22:00、日・連休最終日の祝日～21:00 🈺無休 🔤都内にほか3店舗あり 🌐www.burdigala.co.jp

グランスタ東京

まめぐい

動物柄のミニ手ぬぐいがキュート

注染で染めるオリジナル手ぬぐいの「かまわぬ」から生まれたブランドで、ハンカチサイズの手ぬぐい「まめぐい」でお菓子を包むギフトを提案。好みの柄とお菓子を選ぶとスタッフが包んでくれる。

🔺 グランスタ東京八重洲地下中央口改札（改札内）
☎ 03-3287-4884
🕐 ㉙グランスタ東京と同じ（→P.44）
🏠【かまわぬ】都内に5店舗あり
🔗 kamawanu.jp/mamegui

まめぐいとお菓子のセット

2枚のまめぐいを組み合わせてお菓子2個を包む、背おわせセット（左）は1748円〜

注染って何?

糸の中まで染める日本独自の手法。柄に裏表がなくリバーシブルで使えるほか、布が硬くならず使うほどにやわらかな手触りになる。

東京
TOKYO

1. まめぐいの柄は伝統和柄から動物、果物など約150種類。写真は東京限定柄
2. まめまめがまぐち各880円

銀の鈴サンドパンケーキ

ふわふわのワッフルパンケーキにイチゴ風味の生クリームをたっぷり絞り、フレッシュイチゴをサンドした人気商品。297円

1. ざらめ糖が隠し味の原宿ロール1080円 2. 東京駅焼きショコラ18個入り1620円

グランスタ東京

colombin コロンバン

1924年創業の老舗洋菓子メーカー

日本の洋菓子業界の開拓者といわれる門倉國輝氏が1924年に創業。なめらか生クリームをふわふわの生地で巻いた原宿ロールやショコラ生地にクランチを混ぜて焼く東京駅焼きショコラなどが定番商品。

🔺 グランスタ東京八重洲地下中央口改札（改札内）
☎ 03-3201-3055
🕐 ㉙グランスタ東京と同じ（→P.44）
🏠 都内にほか4店舗あり 🔗 www.colombin.co.jp

東京ステーションホテル

TORAYA TOKYO
トラヤトウキョウ

5世紀の歴史をもつ和菓子店

室町時代後期に京都で創業、時代を超えて愛される日本を代表する和菓子店。夜の梅は、切り口のあずきを夜の闇に咲く梅に見立てた「とらや」を代表する小倉羊羹。

Map P.121-A1 丸の内

🔺 千代田区丸の内1-9-1 東京ステーションホテル2階
☎ 03-5220-2345 🕐 10:00〜20:00（L.O.19:30）
㉙無休 🏠【とらや】都内に百貨店の売店含め30店舗あり 🔗 www.toraya-group.co.jp

コレを
GET!

夜の梅
東京駅限定パッケージ

東京駅丸の内駅舎が描かれたパッケージは東京駅限定。5本入り1620円

選ぶのも楽しい遊び心あふれるグッズ

TOKYO!!!
トーキョーミッツ

3秒、3分、3時間と3つの「商品を選ぶ時間」を設け、定番やつい語りたくなる商品をセレクト。雑貨から食品まで、ほかではあまり見ないユニークな商品が多く、見て回るだけでも楽しい品揃え。

🔺グランスタ東京丸の内北口改札（改札内）
☎03-5218-2407
🕐㊡グランスタ東京と同じ（→P.44）
URL j-retail.jp/tokyo3
@tokyo3_j

コレを GET!

プティゴーフル
東京駅丸の内駅舎缶
「上野風月堂」とのコラボ商品。バニラ、ストロベリー、チョコレートの3種類で各594円

トーキョーみっつ

プチぼうけん

手みやげの宝庫 東京駅を攻略せよ！

1. Suicaのペンギンアイテム（左下）も多数 **2.** 東京駅丸の内駅舎赤れんががデザインされたグラスケース3300円。「FABRICK」とのコラボ **3.** 圧縮タオル990円

コレを GET!

Calbee+×東京ばな奈 じゃがボルダ鰹と昆布のうまみだし味
広尾の和食店「小野木」が味を監修した、だしのうま味たっぷりのポテトチップス。手に粉がつきにくく食べやすい。4袋入り756円

一度焼いたあとバターをかけてさらに焼き上げるWグリル製法で仕上げた、ザクッと食感が美味なポテボルダ。左はバターソルト、右はサワークリームオニオン。各432円

個性豊かなふたつのポテトブランドを楽しめる

じゃがボルダ

だしの繊細な風味が香る厚切りポテトチップスのじゃがボルダは「Calbee+」と「東京ばな奈」が共同開発した進化系ポテトスナックブランド。ザクッと食感とバターの風味がやみつきのポテボルダもある。

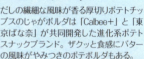

🔺グランスタ東京丸の内北口改札（改札内）☎03-6268-0807
🕐㊡グランスタ東京と同じ（→P.44）URL www.jaga-boulde.jp

P.51もチェックしてね！

文明堂東京の新ブランド

nuevo by BUNMEIDO
ヌエヴォ バイ ブンメイドウ

「日本に伝わったカステラを世界のおみやげに」をコンセプトに誕生した文明堂東京の新ブランド。個包装で食べやすいサイズ感やパッケージのかわいらしさにもこだわり、人気を集めている。

🔺グランスタ東京丸の内中央口改札（改札内）☎03-3287-0002 🕐㊡グランスタ東京と同じ（→P.44）@nuevo_by_bunmeido

コレを GET!

トレインカステラ
電車など4種類の絵柄がランダムに入った食べやすいサイズのカステラ。4個入り1512円

チーズフィリングのどら焼き、モチット（5個入り756円）も人気

GOAL!

TOKYO BANANA
HONEY FLAVOR

空とぶ東京ばな奈くま。
はちみつバナナ味

大人気のお菓子 ✈

東京ばな奈 の
空とぶ東京ばな奈くまッ。
はちみつバナナ味、「見ぃ〜つけたッ」

羽田空港限定の「東京ばな奈」
は、はちみつ香るなめらかなバ
ナナカスタードクリーム入り。
冷凍庫で冷やすとアイスケーキ
のようになる！

8個入り
1080円

購入場所
T1 特選洋菓子館
（2Fマーケットプレイス）ほか
T2 東京食賓館 時計台3番前
（2F国内線出発ロビー）ほか

購入場所
T1 PIER 1
（2F出発ロビー）ほか
T2 東京食賓館 時計台1番前
（2F国内線出発ロビー）ほか

西光亭 の
くるみのクッキー
（エアポートT1／T2）

リスの絵でおなじみ、
くるみクッキーの
「西光亭」（→P.50）
の羽田空港限定
商品。左は第1、
右は第2ターミ
ナルの絵柄

12粒入り
1296円

旅行や出張の手みやげナビ

空の玄関口、
羽田空港の
限定みやげ ✈

手みやげ選びで迷ったら、
特別感のある空港限定商品や
空港オリジナルグッズがおすすめ！

人気商品から限定品まで厳選の品揃え
羽田空港
第1・第2
ターミナル
ハネダクウコウ ダイイチ・ダイニターミナル

老舗の逸品も最旬のスイーツも一挙に揃え
た心憎いラインアップ。羽田限定商品も数
多く、空港でおみやげまとめ買いもあり！

Map P.116-C2 羽田空港
☎03-5757-8111 ◎京急空港線第1・第2ターミナ
ル駅直結 URLhaneda-shopping.jp 🛒

zoom up!

空港限定の雑貨なら ✈

羽田空港オリジナルデザイ
ンのマスクケース。パスポー
トカバーとしても使える

330円

HND

RUSH

2個セット
748円

Tokyo's Tokyo
トーキョーズ トーキョー

「東京発の旅」をテーマにした雑貨
と本の店。バラエティ豊富で見る
だけでも楽しい品揃え。ネームタ
グやハンカチ、マスク、文具など
の空港限定品がおすすめ。

🏠大田区羽田空港3-4-2 第2ター
ミナル3F マーケットプレイス
☎03-6428-8732
🕘9:00〜19:30 無休

飛行機
のバゲッジタ
グ、滑走路をイメー
ジした「Fliegen」の
マスキングテープ

Fliegen

「旅への憧れ」
を形にしたブ
ランド「Fliegen
（フリーゲン）」
の羽田空港限
定デザインの
ノート

各528円

ココにしかない！
ラテアート自動販売機＠よーじや

あぶらとり紙で有名な京都の老舗「よーじや」
の第2ターミナル店には、日本初のラテアート
が作れる自動販売機がある。おなじみ京女性
のロゴマークのラテアートで気分ほっこり。

1 カプチーノ
（250円）
のボタンを
押す

2 1分で
よーじや
ロゴのラテ
アートが
完成！

よーじや
🏠羽田空港第2ター
ミナルB1F
☎03-5708-3005
🕘8:00〜20:00
無休

自動販売機のそばに
テーブル席があり、ひ
と休みするのにいい

48

グルマンもご満悦

見た目も中身もハナマル！
東京のおいしい
グルメみやげ

東京には全国のおいしいものが大集合。
カジュアルで手軽に渡せる物から、かしこまったシーンにもピッタリの贈り物まで、
arucoスタッフが太鼓判を押す厳選グルメみやげをご紹介！

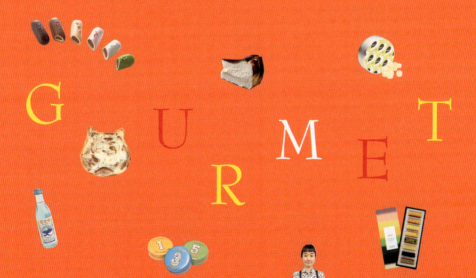

かわいい見た目にひとめぼれ♡
パケ買い必至のグルメみやげ

乙女ゴコロをくすぐる、かわいいデザインのパッケージは手みやげ選びの重要なポイント。ちょっぴりレトロなデザインから、心なごむ手描きのものまでグルメな手みやげが大集合！

recommend
朝取れ新鮮卵や北海道町村農場のバターなど上質な素材を惜しみなく使用！

Butter "mass"ter の フィナンシェ

愛嬌たっぷりのクマが描かれたパッケージが目を引く。バターたっぷりのフィナンシェはプレーン、発酵バター、塩、コニャックの4種類あり、1缶3780円。

Butter "mass"ter Living room
バターマスター・リビングルーム

Map P.118-A1 代田橋
🏠杉並区和泉1-23-17 ☎03-6304-3269
🕐12:00～18:00 🈔水・木※毎月の営業時間はインスタグラムで確認を 🚃京王線代田橋駅北口から徒歩10分 📷@buttermasster 🛒

ヘネシー社のコニャックを塗り込んだフィナンシェが特におすすめ

日の出屋製菓の スナックコメ子

柚子胡椒、華麗なるスパイス、スモーキーチーズなど6種類あり

コメ子ママのイラストがユニークな富山米を使ったしろえびせんべい。パリッと軽い食感で、柚子胡椒などほかにはない味がおもしろい。各540円。

3つ購入すると専用スリーブに入れてくれる

TOKYO!!! → P.47

POMOLOGY の フルーツバー

バターの芳醇な香りと、ゴロッと入った果実の食感が楽しい

POMOLOGY ポモロジー

リンゴメープル、マスカットレーズン、ホワイトフィグ、晩柑ショコラの4種類あり、それぞれの素材が描かれたパッケージがすてき。12個入り3240円。

Map P.118-A2 新宿
🏠新宿区新宿3-14-1 伊勢丹新宿店 本館地下1階
☎03-3352-1111（大代表）
🕐10:00～20:00 🈔不定休
🚃地下鉄新宿三丁目駅から徒歩1分 📷@pomology_fruits 🛒

NUMBER SUGAR の キャラメル8 PIECES BOX

口溶けなめらかでおいしさ。パッケージのバラの絵は3種類あり

一輪のバラを贈るイメージでデザインされたパッケージが印象的。厳選素材で作る無添加の濃厚キャラメルで、8種類のフレーバー入り。918円。

NUMBER SUGAR 表参道店
ナンバーシュガーオモテサンドウテン

Map P.122-A1 表参道
🏠渋谷区神宮前5-11-11 1F
☎03-6427-3334
🕐11:00～20:00 🈔無休
🚃地下鉄明治神宮前駅4番出口から徒歩5分 🏠都内にほか2店舗あり
🌐numbersugar.jp 🛒

ペースト状の濃厚な CARAMEL CREAM（972円）。焼きたてトーストやアイスクリームにかけていただこう

西光亭の くるみクッキー

くるみのクッキーは粉砂糖に包まれ、上品な味わい

あたたかみのあるリスの絵パッケージがかわいらしい。クッキーにはクルミがたっぷり、さっくりとした歯ざわりのロングセラー商品。1箱1296円。

recommend
パッケージはイベントや季節に合わせた絵柄が多数あり、シーンごとに選べる

西光亭
セイコウテイ

Map P.118-B2 代々木上原
🏠渋谷区上原2-30-3 ☎03-3468-2178
🕐11:00～18:00 🈔無休
🚃小田急線代々木上原駅南口から徒歩12分 🏠都内にほか2店舗あり
🌐www.seikotei.jp 🛒

  スナックコメ子はパッケージがすごく凝っている。箱の内側にはスナックの様子が描かれていておもしろい！（東京都・竹）

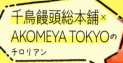

千鳥饅頭総本舗×
AKOMEYA TOKYOの
チロリアン

recommend
サクッと軽いクッキーの中はミルキーな口溶けなめらかクリームが詰まった銘菓

福岡の老舗メーカー、「千鳥饅頭総本舗」の銘菓を「AKOMEYA TOKYO」のオリジナル缶に詰めたコラボ商品。15本入り1404円。

AKOMEYA TOKYO → P.84
in la kagū

バニラ、コーヒー、ストロベリー、チョコレートの4種類入り

MUSÉE
DU CHOCOLAT
THÉOBROMAの
ミニキャビア5缶セット

ビターチョコ、シリアル入り（ミルクチョコ、ルビーチョコなど4種類）の5種類。

画家の樋上公実子氏が手がけたおしゃれなパッケージ缶の中にはチョコレート専門店こだわりのチョコレートがぎっしり。3140円。

**MUSÉE
DU CHOCOLAT → P.23
THÉOBROMA**

パケ買い必至のグルメみやげ

nuevo by
BUNMEIDOの
メープル カスティーラ

さわやかな水色のパッケージがおしゃれ。ミニサイズのしっとりカステラ生地にメープルシロップをたっぷり染み込ませたスイーツ。6個入り1080円。

**nuevo by
BUNMEIDO → P.47**

手を汚さずに食べられるよう専用トレイに入っている

ローザー
洋菓子店の
チョコレート缶

recommend
フルーツ、ナッツのほか洋酒もあり、子供から大人まで楽しめる

チョコレートはひとつずつ手間暇かけて手作りされている

レトロなイラストがあしらわれた包み紙のロシアチョコレート詰め合わせ。プラムやアーモンド、コーヒーなど11種類入り、1箱3500円。

ローザー洋菓子店 ローザーヨウガシテン
Map P.118-C2 田園調布

🏠大田区田園調布2-48-13 ☎03-3721-2662
🕐10:00〜18:30 🈺日・祝 🚋東急東横線・目黒線田園調布駅東口から徒歩2分
🔗roza-denenchohu1954.jimdofree.com

RURU
MARY'Sの
ショコラサブレ

可憐な花がデザインされたパッケージが華やか。バターが香るさっくりとしたクッキーにナッツをのせてチョコレートでコーティング。8枚入り1080円。

RURU MARY'S玉川髙島屋店
ルル メリー タマガワタカシマヤテン
Map P.118-C1 二子玉川

🏠世田谷区玉川3-17-1 玉川高島屋S.C.地下1階 ☎03-3709-3111
🕐10:00〜20:00 🈺不定休 🚋東急田園都市線・大井町線二子玉川駅西口から徒歩2分 🔗www.mary.co.jp/mary/ruru

recommend
マカダミアナッツ×ミルクチョコ、ヘーゼルナッツ×スイートチョコの2種類入り

チョコレートを主役にした商品を展開する「RURU MARY'S」の人気商品

名店のセカンドライン
和菓子のニューウェイブに注目♡

アートのような美しい見かけや洋菓子の要素を取り入れたモダンな和菓子が話題を呼んでいる。
創業100年超えの老舗3店の注目セカンドラインショップをチェックしてみよう。

History
大三萬年堂

江戸中期、城下町だった龍野（現：兵庫県たつの市）に創業し、約360年の歴史をもつ。初代三右衛門は龍野城主、赤松氏に仕える武士だったが、赤松氏が豊臣秀吉に無血開城したことをきっかけに菓子屋に転身。自身の名前から三と、出身地の大屋から大を取り、萬年続くよう願いを込めて「大三萬年堂」と名づけた。

もっちり米粉パンにあんこや豆乳クリームなどをサンドしたどら焼き風スイーツ。左はいちごピスタチオ550円、右はあんバター500円

和洋折衷・温故知新がテーマ

大三萬年堂 HANARE
ダイサンマンネンドウハナレ

伝統的な和菓子に洋菓子のエッセンスを加えた、ルックスもキュートな和スイーツを展開。「大三萬年堂」の秘伝のあんこを使った商品も多く、伝統の味をさらに進化させている。

米粉や酒粕などヘルシーな素材を使ってます

大三萬年堂13代目の安原伶香さん

御茶ノ水店　Map P.119-A3　御茶ノ水

🏠千代田区神田淡路町2-105　ワテラスモール1階　📞03-6206-8857　🕐11:00〜19:30（L.O.19:00）　📅年末年始　🚃JR御茶ノ水駅聖橋口から徒歩3分　【渋谷 東急フードショー店】渋谷区道玄坂1-12-1渋谷 東急フードショー（渋谷マークシティ）1階　🌐d3hanare.tokyo

1. クリームに酒粕を混ぜたふんわりなめらかな酒粕ろーる1620円　2. たまり醤油×キャラメルなど素材の組み合わせが楽しい和まかろん1620円　3. こだわりの酒粕を使った酒粕こんぺいとう702円　4. テリーヌのような超濃厚な味わいの、あずきとかかお〜苺〜2808円。イチゴのピューレがアクセント

📧「大三萬年堂HANARE」のあずきとかかおは、あんことチョコがこれほど合うのか！　と驚きの味でした。（千葉県・匿名希望）

自慢の
あんこを使った
新和菓子を
提案

ぎんざ空也 空いろ

ギンザクウヤ ソライロ

あんこを日常的に楽しんでほしいと、本店「空也」の1文字を冠し誕生。空也とは異なる製法・材料を用いたあんは、とろみのあるなめらかな味わいですっきりとした甘さ。

つき1個249円。プレーンまたは抹茶クッキーでつぶあん、白つぶあんをサンド

Map P.119-C3 品川

🏠港区高輪3-26-27 JR品川駅構内 ☎03-3443-7440 ⏰8:00～22:00、日・祝～20:30 🈺無休 🚪JR品川駅構内 🏠【空いろSTAND 国分寺マルイ店】国分寺市南町3-20-3 国分寺マルイ1階 🔗sorairo-kuya.jp

1. あんこパイ6個入り1188円。あずきあんといもあんをパイ生地で包んだ焼き菓子 2. かぜ216円。素材のもつ魅力を生かしたひと口サイズの羊羹で、あずき、まっちゃ、ゆずの3種類 3. 米粉配合の生地がおいしい小ぶりなどら焼き、たいよう1個141円

和菓子 結

ワガシ ユイ

手のひら
サイズで日本の
美を表現

「手のひらサイズの日本の美」をテーマに、製法・製造は「両口屋是清」の伝統を引き継ぎながらも、素材やビジュアルに現代のエッセンスを加えた美しい和菓子を提供。

和三盆の干菓子、じゅじゅ（18粒入り）756円。全9色で日本の伝統色を表現

1. ふゆうじょん6個入り1296円。あんこをたっぷり包んだ焼き菓子をチョコでコーティング 2. なまささら6個入り1620円。季節によって異なる味が楽しめる小さな生菓子 3. あまのはら4104円。富士山をモチーフに四季の移ろいや彩りを表現した羊羹

NEWoMan新宿店

Map P.118-A2 新宿

🏠渋谷区千駄ヶ谷5-24-55 NEWoMan新宿2Fエキナカ ☎03-3353-5521 ⏰8:30～21:30、土・日・祝～21:00 🈺無休 🚪JR新宿駅構内 🏠【六本木ヒルズ店】港区六本木6-2-31六本木ヒルズノースタワー地下1階 🔗www.wagashi-yui.tokyo 🛒

プリン、チーズケーキ、モンブラン、フルーツサンド
人気の味を食べ比べ!

PUDDING
プリン

手みやげに人気のプリン。
食感やフレーバーなど
各店オリジナリティあふれる
絶品プリンがお目見え。

超濃厚! ケーキのような味わい
ミラノプリン プレーン

オーブンで焼き上げ、卵の力だけで固めた濃厚プリン。口の中でほどけるなめらかな食感。469円

種類	カスタードプリン
フレーバー	バニラ
硬さ	★★★
濃厚さ	★★★

ミラノプリン・ラ・モーダもおすすめ!
ミラノプリンに季節のフルーツを盛りつけた人気商品。518円

種類	カスタードプリン
フレーバー	バニラ
硬さ	★
濃厚さ	★★★

バニラが上品に香るなめらかプリン
バニラキング

地養卵の卵黄だけを使用。クリームのようなやわらかさでバニラの香りがいい。421円

種類	カスタードプリン
フレーバー	カスタード
硬さ	★★
濃厚さ	★★

卵の味がしっかり感じられる
うれしいプリン

兵庫県加古川の日本一こだわり卵を使用した蒸しプリン。卵の味が濃くなつかしい味わい。421円

ミガキイチゴのジャムが贅沢にのった
ミガキイチゴプリン

プリンは生クリーム&バニラを使い上品な味でイチゴの甘味&酸味とのバランスもGood。486円

種類	カスタードプリン
フレーバー	イチゴ
硬さ	★★★
濃厚さ	★

ほんのりビターな味わい
生キャラメルプリン

名前のとおり、生キャラメルのようにまろやかで濃厚。少しビターな自家製キャラメルをプリン生地に混ぜ込んでいる。450円

種類	キャラメルプリン
フレーバー	キャラメル
硬さ	★★
濃厚さ	★★★

Ⓐ 素材にこだわったプリン専門店
浅草シルクプリン
アサクサシルクプリン

茨城県の奥久慈卵や北海道の低温殺菌牛乳など素材にこだわり、口溶けなめらかなプリンを提供。全11種類。

Map P.117-B1 浅草
🏠台東区浅草1-4-11 ☎03-5828-1677 🕐11:00～20:00 🚇地下鉄銀座線浅草駅1番出口から徒歩2分 🏠『銀座シルクプリン』中央区銀座8-8-11 銀座博品館1階 URLsilkpurin.com 🛒

Ⓑ プリンと焼き菓子の店
ACHO 神楽坂
アチョ カグラザカ

品数は多くはないが他店にはない焼き菓子やプリンが人気。プリンは皿に出して食べるとカラメルが全体にかかりさらにおいしくなる。

Map P.120-C1 神楽坂
🏠新宿区矢来町103 ☎03-3269-8933 🕐11:00～19:00、土・日・祝～18:00 🚫火・第1&3水 🚇地下鉄神楽坂駅2番出口から徒歩2分 URLachocafe.com 🛒

Ⓒ イチゴスイーツ専門店
ICHIBIKO桜新町店
イチビコ サクラシンマチテン

宮城県で誕生したミガキイチゴのおいしさを届けたいとオープン。季節ごとに多彩なイチゴスイーツが登場する。

Map P.118-C1 桜新町
🏠世田谷区深沢8-10-14 ☎03-6805-9765 🕐11:00～19:00 🚫無休 🚇東急田園都市線桜新町駅西口から徒歩8分 🏠都内にほか6店舗あり URLichibiko.jp

---

手みやげに人気の王道スイーツ4品。大定番から、ちょっと変わったニューフェイスまで、今食べたい人気の味を食べ比べてみよう！

人気の味を食べ比べ！

A

種類	カスタードプリン
フレーバー	バニラ
硬さ	★★
濃厚さ	★★★

上質素材をふんだんに使用
プレミアムシルクプリン
ブランド卵の卵黄だけを使用し、1℃単位で温度を徹底管理。味のバランスがいい。590円

味の変化が楽しい4層プリン
自由が丘プリン
カラメルソース、濃厚でなめらかなプリン、生クリーム、キャラメルソースの4層仕立て。450円

種類	カスタードプリン
フレーバー	キャラメル
硬さ	★
濃厚さ	★★★

G

B

種類	チョコレートプリン
フレーバー	コニャック
硬さ	★
濃厚さ	★★★

お酒が効いた大人のプリン
ブランデウェイン
辛口コニャック、オタールXOを使用。芳醇なコニャックの香りとチョコの相性がいい。486円

濃厚でとろけるようになめらか
プディング オ エラーブル
メープルシロップを使い、上品な甘さ。しっかりと弾力があり、口の中でとろける食感。1個432円

種類	カスタードプリン
フレーバー	メープル
硬さ	★★★
濃厚さ	★★★

F

D

種類	カスタードプリン
フレーバー	ミルクコーヒー
硬さ	★
濃厚さ	★

コーヒー味のカラメルがアクセント
白プリン
卵白をたっぷり使いあっさりとした味わい。コーヒー味のビターなカラメルが効いている。421円

バナナ風味の生クリームを絞った
ソイプリン〜バナナ生クリーム〜
優しい味わいの豆乳プリンと自家製バナナジャムを混ぜた生クリームが見事にマッチ。380円

種類	豆乳プリン
フレーバー	豆乳、バナナ
硬さ	★★★
濃厚さ	★

I

種類	チョコレートプリン
フレーバー	チョコレート
硬さ	★★★
濃厚さ	★★★

プリンに合わせてカカオを焙煎
自由が丘・生チョコプリン
80％のガーナ産チョコとブロンドチョコを合わせたチョコレートの味が濃厚なプリン。700円

H

種類	チョコレートプリン
フレーバー	チョコレート
硬さ	★
濃厚さ	★★★

オレンジピールがアクセント
ショコラプディング・ア・ラ・オランジェ
少し甘めのチョコレートプリンに刻んだオレンジピールがとってもさわやか。560円

H

💡「ACHO 神楽坂」のプリンではノーブルもおすすめ。数種類の茶葉をブレンドしたベルガモットが香る紅茶プリンで、1個421円。

CHEESE CAKE

チーズケーキ

シンプルな素材で作る
ベイクドやレアに加えて、
フルーツや和の素材を使った
ニュータイプも登場。

チーズケーキ
のレシピ本
出してます♪

A WORKSの店主
船瀬洋一郎さん

種　類	ベイクドチーズケーキ
チーズの種類	クリームチーズ
その他の素材	あんこ、バター、ドライイチジクなど

種　類	NYチーズケーキ、ヨーグルトチーズケーキ、レアチーズケーキ
チーズの種類	クリームチーズ
その他の素材	ヨーグルト、サワークリームなど

ふんわりバナナが香る
バナナバスクチーズケーキ

バナナを練り込んだ生地とプレーンの2層からな
る。ほどよいコクと甘さがGood。530円

種　類	バスクチーズケーキ
チーズの種類	クリームチーズ
その他の素材	バナナなど

BANANA
FACTORY → P.107

3層の瓶入りチーズケーキ
CHILK

NY風とヨーグルト入りの2種類のベイクドチーズ
ケーキに生クリームチーズケーキをオン。左から
抹茶、プレーン、イチゴ。550円〜

種　類	レアチーズケーキ
チーズの種類	クリームチーズ
その他の素材	オレオなど

あんこ×チーズの妙味にファン続出
あんバター

あんこ、バター、チーズのコクと深みが織りなす
複雑な味わい。イチジクの食感も楽しい。650円

しっとり濃厚の逸品
レアチーズケーキ

小ぶりだがチーズがぎゅっと凝縮され濃厚でコク
がある。ザクッと粗めのクッキーも◎。270円

種　類	レアチーズケーキ
チーズの種類	クリームチーズ
その他の素材	生クリームなど

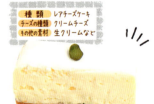

種　類	ベイクドチーズケーキ
チーズの種類	クリームチーズ
その他の素材	lotusビスコフ、キャラメル、サワークリームなど

lotusビスコフを
フィーチャー
ロータス

シナモンが香る濃厚キャラメルチーズケーキにサ
ワークリームのさわやかな甘さがマッチ！　650円

ほろ苦＆濃厚チーズケーキ
オレオの生クリームチーズケーキ

クリーミーな生クリームチーズケーキ
にオレオを混ぜた大人気商品。570円

CHILKはマン
ゴーなど季節
限定の味も
あります

Cafe The SUN LiVES
HEREの亀井奈緒美さん

客足が絶えない老舗洋菓子店
西洋菓子しろたえ　セイヨウガシ シロタエ

看板商品のレアチーズケーキ
など、奇をてらわずシンプル
ながらひと手間を惜しまない
洋菓子で絶大な人気を誇る。

Map P.119-A3　赤坂

🏠 港区赤坂4-1-4　☎03-3586-9039　販売10:30
〜19:30、ト・祝〜19:00、カフェ〜17:30（L.O.）
🗓休日　🚃地下鉄赤坂見附駅A出口から徒歩3分

連日行列のチーズケーキカフェ
A WORKS
エーワークス

チーズを知り尽くす店主による創
作チーズケーキが話題。素材の組
み合わせが絶妙で新たなチーズ
ケーキのおいしさを知れる店。

Map P.118-C2　学芸大学

🏠 目黒区中央町2-23-20　☎03-6873-7390
🗓土・日・月12:00〜19:00（売り切れ次第終了）
🗓火〜金　🚃東急東横線学芸大学駅東口から徒歩
8分　📷@gakudai.aworks

三茶のチーズケーキ専門店
Cafe The SUN LiVES HERE
カフェ ザ サン リブズ ヒア

牛乳100%のヨーグルト、自
家製サワークリームなどこだ
わりの素材で作るチーズケー
キがおいしいと評判。

Map P.118-B2　三軒茶屋

🏠 世田谷区三軒茶屋1-27-33　☎03-6875-1730
🗓10:00〜20:00　🗓無休　🚃東急田園都市線三軒
茶屋駅南口または南口Bから徒歩6分　URL都内ほかに
2店舗あり　URL www.cafethesunliveshere.com

　💟　「A WORKS」のチーズケーキは今まで食べたことのない斬新なものばかり。どれもすごくおいしいしかわいい！（東京都・匿名希望）

フランス人パティシエによるパティスリー
CRIOLLO本店
クリオロ ホンテン

数々の受賞歴をもつサントス・アントワーヌ氏の店。素材のよさを引き出すのが得意で世界的にも評価が高い。

CRIOLLOのシェフ・パティシエ、サントス・アントワーヌさん

チョコレートケーキのトレゾーも人気です

Map P.116-B2 小竹向原
🏠板橋区向原3-9-2 ☎03-3958-7058 🕐10:00〜18:00 休火（祝日の場合は営業）🚃地下鉄小竹向原駅3番出口から徒歩3分 【中目黒店】目黒区上目黒1-23-1 中目黒アリーナ103 🔗ecolecriollo.com

種 類	スフレチーズケーキ
チーズの種類	クリームチーズ、ナチュラルチーズ
その他の素材	小麦粉など

濃厚なのにふわっと軽い口当たり
幻のチーズケーキ

芳醇なチーズの香りが口の中で広がり、しゅわっと溶けていく。10分間で2000本売れた大人気商品。カットケーキで520円

POMOLOGY

ムースのように軽くなめらか
5種のドライフルーツのレアチーズケーキ

クリームチーズ＆マスカルポーネのムースに、ワインに漬けたドライフルーツをミックス。756円

種 類	レアチーズケーキ
チーズの種類	クリームチーズ、マスカルポーネ
その他の素材	ドライフルーツ、白ワインなど

POMOLOGY → P.50

日本におけるフランス菓子界の先駆者
AU BON VIEUX TEMPS
オーボンヴュータン

伝統的なフランス菓子を広め、数多くのパティシエを育てた河田勝彦氏の店。200〜300種のフランス菓子が店内を彩る。

Map P.118-C1 尾山台
🏠世田谷区等々力2-1-3 ☎03-3703-8428 🕐9:00〜18:00 休火・水 🚃東急大井町線尾山台駅から徒歩6分 🏠【日本橋髙島屋店】中央区日本橋2-4-1 B1 🔗aubonvieuxtemps.jp

人気の味を食べ比べ！

焦げがポイント！

種 類	ベイクドチーズケーキ
チーズの種類	ヤギミルクのチーズ
その他の素材	小麦粉、卵など

ヤギのチーズを使った
ル・トゥルト・フロマージュ

ヤギミルクチーズのフレッシュな酸味とコクに表面のほろ苦さが加わり、奥深い味わい。2500円

種 類	ベイクドチーズケーキ
チーズの種類	クリームチーズ
その他の素材	小麦粉、卵など

絶妙な火入れで中はとろっとクリーミー
バスクチーズケーキ

微妙な温度調節で焼き上げ、さらにひと晩寝かせることで極上のふわトロ食感に。Mediumサイズ2600円

バスクチーズケーキ専門店
BELTZ
ベルツ

焦げ部分の香ばしさとクリームのようなとろける食感が絶品のバスクチーズケーキ専門店。Smallサイズもあり700円。

Map P.123-A2 恵比寿
🏠渋谷区広尾2-2-18 ☎050-7108-1030 🕐11:00〜19:00 休水 🚃JR恵比寿駅西口から徒歩9分 🔗beltz.tokyo

---

種 類	バスクチーズケーキ
チーズの種類	クリームチーズ
その他の素材	小麦粉、生クリームなど

数種類のクリームチーズをブレンド
御用邸チーズケーキ

厳選素材を使い、クリームチーズも数種類をブレンド。しっとりやわらか。1ホール1350円

那須高原に本店を構える
チーズガーデン東京ソラマチ店
チーズガーデン トウキョウソラマチテン

栃木県那須高原で開業した店で、代表銘柄でもある御用邸チーズケーキが有名。東京ソラマチ店はカフェを併設。

Map P.117-C2 押上
🏠墨田区押上1-1-2 東京スカイツリータウン・東京ソラマチ 2F ☎03-6658-4534 🕐10:00〜21:00 休不定休 🚃東武スカイツリーラインとうきょうスカイツリー駅下車すぐ 🏠都内にほか3店舗あり 🔗cheesegarden.jp

---

種 類	クレームダンジュ
チーズの種類	フロマージュブラン
その他の素材	求肥、季節のフルーツなど

求肥で包んだふわふわケーキ
クレア

フランス生まれのチーズケーキ、クレームダンジュに果実のソースを合わせ求肥で包んだ1品。648円

まるでアートのような創作スイーツ
PÂTISSERIE ASAKO IWAYANAGI
パティスリィアサコイワヤナギ

オーナーパティシエール、岩柳麻子氏の自由でクリエイティブな発想から生まれるスイーツが話題の超人気店。

Map P.118-C1 等々力
🏠世田谷区等々力4-4-5 ☎03-6432-3878 🕐11:00〜18:00 休月・火（祝日の場合は営業）🚃東急大井町線等々力駅北口から徒歩3分 【ASAKO IWAYANAGI PLUS】→P.21 🔗asakoiwayanagi.net

---

「AU BON VIEUX TEMPS」では、土・日曜限定でヤギミルクを使ったレアチーズケーキを販売。

MONT BLANC

モンブラン

栗を使った代表的なスイーツ
モンブランは、王道のものから
個性あふれる進化系まで、
百花繚乱。

地域に愛される千石のパティスリー

TRÈS CALME トレカルム

フランスで腕を磨いたパティシエの木村忠彦氏の店。スイーツはもちろん本場の味わいと評判が高いバゲットも人気。

秋は3種類の限定モンブランも販売

Map P.116-B2 千石

🏠 文京区千石4-40-25　☎03-3946-0271　🕙10:00～19:00　休不定休
🚉 地下鉄千石駅A4出口から徒歩4分
🔗 www.tres-calme.com

素材も形も独創的!
モンブラン

試作を重ね、約6年かけて完成したスペシャリテ。マロンクリームは何度も濾し、驚くほど舌触りなめらか。カシスやクルミなど秋を連想させる素材を使用。

土台はクルミ入りで食感が楽しく、カシスの実の酸味、コーヒーとクルミのメレンゲのほろ苦さがマロンクリームと絶妙にマッチ。562円

栗感 ★

- コーヒーとクルミのメレンゲ
- マロンクリーム
- クルミのリキュール入り生クリーム
- カシスの実
- ブラックベリーとカシスのクリーム
- クルミのスポンジ

- 生クリーム
- バナナ
- ベルガモットのソース
- 和栗&洋栗のマロンクリーム
- バナナ
- メレンゲ

バナナ×栗の好相性に開眼!
ホワイトバナナモンブラン

ゴールデンウィークから父の日頃までの限定商品。季節により異なるモンブランが登場。

栗感 ★

栗の甘味もバナナの風味も感じられる、意表をつくおいしさ。ベルガモットの酸味がいいアクセントに。580円

BANANA FACTORY → P.107

- 和栗モンブランクリーム
- モンブランクリーム
- 栗
- ホイップクリーム
- アーモンド生地
- タルト生地

幾重にも重なる花びらが美しい
バラボックリ・モンブラン

栗を堪能できるよう、和栗と欧州栗メインの2種類のモンブランクリームを使用。

栗感 ★★

甘さ控えめのホイップクリームがふたつのモンブランクリームの味を引き立たせている。810円

TOKYO TULIP ROSE → P.20

- ホイップクリーム
- イチゴ
- モンブランクリーム
- イチゴジャム
- タルト

イチゴと栗のモンブランクリームが新鮮
いちごのモンブランタルト

イチゴのあん、イチゴムースと栗ペーストで作るモンブランクリームが斬新。702円

栗感 ★★★

ICHIBIKO 桜新町店 → P.54

日本で初めてモンブランを販売
自由が丘モンブラン

しっとりカステラ、ふわふわのマロンクリーム、レモンが効いたメレンゲなど味や食感のバランスが抜群。720円

栗感 ★★

自由が丘モンブラン → P.36

栗は愛媛産の中山栗、北海道の産地分と脂肪分の異なる4種類の生クリームをブレンドするなど、厳選素材を使用。トップのメレンゲはモンブラン山の積雪を表現。

- マロングラッセ
- マロンのクリーム
- ホイップクリーム
- ラム酒のクリーム
- マロンのムース
- スポンジ
- メレンゲ

ラム酒が効いた大人の味
モンブラン

サクサクのメレンゲ、ラム酒クリームにマロンのムース。ひと口で異なる食感と風味を楽しめる。650円

メレンゲはサクサク食感を保つよう、チョコレートでコーティング。

栗感 ★★★

CRIOLLO 本店 → P.57

- メレンゲ
- 生クリーム
- マロンクリーム
- バタークリーム（カステラの縁のみ）
- カステラ
- カスタードクリーム
- 栗の甘露煮

栗感も楽しみながらイチゴのおいしさを感じられるよう、中のホイップクリームは無糖。ジャムにはミガキイチゴを使用。

栗感 ★

58　❤「TRÈS CALME」のクルミとコーヒーのメレンゲがお気に入り。「モンブランのメレンゲ」として販売しています。（神奈川県・S）

FRUIT SANDWICH
フルーツサンド

色鮮やかな果物を挟んだフルーツサンドは、萌え断スイーツの代表格。断面が美しいだけじゃない、しっかりおいしいフルーツサンドが増えてます！

フルーツがぎっしり！

人気の味を食べ比べ！

鮮やかなフルーツの花に釘付け！
INITIAL 表参道
フルーツを花に見立てたキュートな断面が話題に。無糖のクリームでフルーツの甘さが引き立つ。各843円

映え度 ★★★
ボリューム ★★

映え度 ★★
ボリューム ★★★

旬の果物を惜しみなく詰めた
堀内果実園
どこを食べても果物をしっかりほお張れ、満足度が高い。左のキウイは480円、右のフルーツサンドは550円

堀内果実園
東京スカイツリー・ソラマチ店 →P.11

老舗仲卸店が選ぶ最高級の果実を使用
GINZA FRUIT BOON by Utsuwa
老舗仲卸の厳しい目利きで、その時期にいちばんおいしい果物を選び、こだわりの素材でサンド。432円～

映え度 ★★
ボリューム ★★★

食パン専門店が作るフルーツサンド
VIKING BAKERY F
ふわっと軽く溶けるような食感のフルーツサンド専用食パンを使用。果物は旬のものをチョイス。左は810円、右は486円

映え度 ★★
ボリューム ★

映え度 ★★★
ボリューム ★★★

旬の果実がみっちり！
ダカフェ
毎朝市場で実食して選んだ果物がゴロッと贅沢に入りインパクト大。値段は時価でみかん896円など

アートなシメパフェで有名
INITIAL 表参道
イニシャル オモテサンドウ

食事や酒のシメに楽しむ、札幌発シメパフェの専門店。旬のフルーツを使った見目麗しいパフェが人気で、テイクアウト用のフルーツサンドも販売。

Map **P.122-A1** 表参道
🏠渋谷区神宮前6-12-7 J-cube
A棟 1F　☎050-5597-2604
🕐12:00～23:00（L.O.22:30)、
土・日・祝11:00～　🚫無休
🚇地下鉄明治神宮前駅7番出口から徒歩4分
🏠【中目黒店】目黒区上目黒
1-16-6 ナチュラルスクエアビル
1F　📷@initial_omotesando

湯種製法で作るこだわりの食パン
VIKING BAKERY F 南青山本店
ヴァイキングベーカリー エフ ミナミアオヤマホンテン

もっちりふんわり、小麦とバターが香る職人のこだわりが詰まった食パン専門店。食パンは10種類あり、ショートニング、マーガリン不使用。

Map **P.119-B3** 青山
🏠港区南青山1-23-10 第2古苗ビル1F
☎03-6455-5977　🕐9:00～18:00
🚫不定休　🚇地下鉄乃木坂駅5番出口から徒歩2分　🏠【VIKING BAKERY 0 清澄白河店】江東区深川
1-16-13 ストーク佐久間101
vikingbakery.jp

考え抜かれた絶妙なバランスに感動
GINZA FRUIT BOON by Utsuwa
ギンザ フルーツ ブーン バイ ウツワ

300年続く老舗仲卸が厳選した最高級果実と、それを引き立てるべくパティシエが考案した数種類の贅沢な生クリームを、とろける熟成パンでサンドしたこだわりのフルーツサンドが話題。

Map **P.121-B1** 有楽町
🏠千代田区有楽町2-7-1 有楽町イトシアB1　☎080-4056-9035
🕐11:00～21:00（売り切れ次第終了）
🚫不定休　🚇JR有楽町駅中央口から徒歩1分　🏠【三田店】港区芝4-4-3
UTSUWA FLOWER内
www.ginza-fruitboon.jp

大人気店「ダイワスーパー」のカフェ
ダカフェ恵比寿店
ダカフェ エビステン

愛知県の八百屋「ダイワ」が営む。フルーツサンドは果物によって生クリームの作り方を変え、主役の果物を存分に際立たせる。時期によってラインアップは変わるが10～15種類販売。

Map **P.123-B1** 恵比寿
🏠渋谷区恵比寿南3-11-25 プリンススマートイン恵比寿 1F　🚫なし　🕐6:30～18:00　🚫無休　🚇JR恵比寿駅東口から徒歩3分　🏠【ダイワ中目黒】
目黒区上目黒
1-13-6
358daiwa.com

💡 フルーツサンドは旬の果物を期間限定で販売する店が多く、上記で紹介しているフルーツサンドも季節限定商品が含まれている。

ミニどら焼きが10個
作れる。3240円

贈り物上手になっちゃおう！
シーン別**手みやげセレクション**

ホームパーティ、友人訪問、帰省、会社や取引先など、
それぞれの場面に合う気の利いた手みやげをリストアップ。
選び方のポイントやマナーもチェックしてね。

酒粕でコクうましっとり
**大三萬年堂HANARE
の酒粕ちーずけーき**
酒粕を練り込み、食感の
異なる2層で仕上げたベ
イクドケーキ。1728円

大三萬年堂
HANARE → P.52

つぶあん、コン
フィチュール、どらやき
の皮のセット

和菓子 → P.35
薫風

自分好みのどら焼きが作れる
和菓子 薫風のミニどら焼きセット

「12cmサイズ
4〜5人用」

GLACIEL

バニラアイスは食感
&風味の異なる2種類

ホームパーティ
参加者全員が食べられるよう
大きさや数には注意を。
お酒を飲む場合は、おつまみに
なるグルメアイテムも
おすすめ。

フルーツシャーベットの
華やかアイスケーキ
**GLACIELの
バルーンドフリュイ**
スポンジの上にバニラ
アイス、色とりどりの
シャーベットを盛りつ
け。4320円

好みのプチケーキを
詰め合わせ
**Pâtisserie Rの
プチフール15個入り**
パティシエの技が詰まっ
たひと口サイズのケーキ
は約20種類。3130円

※季節によって種類は異なる

Home party

「7〜12月頃
のみの販売」

つるんとさっぱり自然の甘さ
Chef's Marche×Rain Bowl
のフルーツポンチ

「旬の果物
たっぷり！」

上はシャインマスカットフルーツポ
ンチ5500円（変動あり）、右はフ
ルーツポンチ3800円、各900ml。
人工甘味料不使用で甘さ控えめ

Shop list

新感覚フレンチフライ専門店
AND THE FRIET広尾本店
アンド ザ フリット ヒロオホンテン
季節ごとに厳選したイモを使い、多
彩なディップやトッピングで楽しむ
リッチなポテトフライの専門店。

Map P.123-A2 広尾
🏠 渋谷区広尾5-16-1 北村60館1F
☎03-6409-6916 🕐11:00〜21:00
🗓火 (祝日の場合は営業) 🚇地下鉄広尾
駅2番出口から
徒歩2分
🏠都内にほか5
店舗あり
URL andthe
friet.com 🛒

デコレーションアイスケーキ店
GLACIEL表参道店
グラッシェル オモテサンドウテン
かわいくてひんやりおいしいアイス
クリームを使った新感覚スイーツ、
アントルメグラッセに特化した店。

Map P.122-A2 表参道
🏠港区北青山3-6-26 第5SIビル1
階 ☎03-6427-4666 🕐12:00
〜19:00 🗓無休 🚇地下鉄表参
道駅B2出口
から徒歩3分
URL www.
glaciel.jp 🛒

おつまみにぴったりの燻製製品
燻製BALPAL PLUS
クンセイバルパル プラス
「おうちでバル！」をコンセプトに、
燻製商品やチーズを販売。特に燻製
商品は珍しい食材も揃える。

Map P.118-A2 新宿
🏠新宿区新宿3-14-1 伊勢丹新宿
店 本館地下1階 ☎03-3352-1111
(大代表) 🕐10:00〜20:00 🗓不
定休 🚇地下鉄新宿三丁目駅から
徒歩1分 URL www.balpal.jp 🛒

九品仏のパティスリー＆デリ
Pâtisserie R
パティスリーエール
選べるプチフールや店頭で販売する
総菜が人気のパティスリー。プチ
フールは5個入り、10個入りもある。

Map P.122-C1 九品仏
🏠世田谷区奥沢8-34-18 ☎03-
6809-8774 🕐11:00〜20:00
🗓無休 🚇東急大井町線九品仏駅か
ら徒歩1分
🏠系列店が都
内に3店舗あり
URL www
kost.jp/r 🛒

「大三萬年堂HANARE」の酒粕ちーずけーきは、下はプリンのように濃厚で上はムースのようにふわふわ。(東京都・匿名希望)

フィナンシェ・エシレ、マドレーヌ・エシレの詰め合わせ
ÉCHIRÉ MAISON DU BEURREの焼き菓子

フィナンシェだけ、マドレーヌだけなど好みのセットが作れる

ÉCHIRÉ MAISON DU BEURRE → P.26

10個入り3456円、5個入り1782円。シンプルで上品な包みもいい

5種類のドライフリット詰め合わせ
AND THE FRIETの
ドライフリット
ギフトボックスミニ5pc

フレンチフライ専門店が作るイモのおいしさを閉じ込めた極上スナック。1350円

フレーバーは5種類ある

シーン別手みやげセレクション

ソーセージ＆テリーヌの詰め合わせ
AU BON VIEUX TEMPSのル・グルモン

食肉加工の職人が作る自家製ソーセージ3種＆テリーヌ2種はフランス本場の味。5100円

AU BON VIEUX TEMPS → P.57

ワイン、日本酒にも合う

AU BON VIEUX TEMPS → P.57

旬のフルーツをのせたパイ生地タルト
AU BON VIEUX TEMPSの
タルト テュッティ・フリッティ

花びらをかたどったサクサクパイに季節のフルーツを盛り合わせ。2500円

どんなお酒にも合う
燻製BALPALの
燻製おつまみ
10種セット

明太子、マスカルポーネいぶりがっこ、えだまめなど人気の燻製10種を詰め合わせ。5184円

人気焼き菓子詰め合わせ
A.Lecomteの
キャトルアソートA

店自慢のラム酒が香る贅沢なフルーツケーキなど4種類入り。7076円

八百屋「Chef's Marche」姉妹店
Rain Bowl
レインボウル

料理人が営む八百屋で、その日一番の食材を仕入れて販売。フルーツポンチなど自家製の加工品も人気。

Map P.118-C2 学芸大学

🏠目黒区鷹番3-8-2 ☎03-6412-7253 🕙10:30～21:00、土・祝～20:00 📅日 🚃東急東横線学芸大学駅西口から徒歩3分 🌐www.chefs-marche.jp

本場フランス菓子の老舗
A.Lecomte広尾本店
ルコントヒロオホンテン

1968年の創業以来、本場フランスの味を伝え続ける老舗。焼き菓子など世代を超えて愛される名品も多数。

Map P.119-B3 広尾

🏠港区南麻布5-16-13 ☎03-3447-7600 🕙10:00～18:00（L.O.17:00）📅不定休 🚃地下鉄広尾駅1番出口から徒歩2分 🌐都内ほか3店舗あり 🌐a-lecomte.com

ホームパーティを盛り上げるグッズ

ホームパーティをさらに盛り上げてくれるゲームの数々。持ち運びに便利＆定番ゲームのトランプを持参してはいかが？「TOKYO!!!」（→P.47）ならリアルなお弁当やトーストなどがプリントされたおもしろトランプが手に入る。

各1540円。どちらもレシピ付きの大人気商品

友人宅訪問

同居する人がいる場合は、
個包装のお菓子や日持ちする
焼き菓子を。友人と一緒に
食べるならケーキなどの
生菓子もおすすめ。

Friend's house

飽きのこない
味わい♪

2種類の人気サブレが入った
noix de beurreのクッキー・アソルティ

バターの風味豊かなサブレ・ブールと、レモンアイシングをかけたサブレ・シトロンの2種類入りで1512円

リボンをかけた
包みも缶もとっ
てもキュート！

6種類のクッキー詰め合わせ
MATTERHORNの
缶入りクッキー

ゴマ、ココアなどひと口サイズのクッキーがぎっしり。
5サイズあり写真は2200円

MATTER
HORN → P.68

ぜ〜んぶ
バナナ味♡

バナナが香る焼き
菓子5種類入り
BANANA FACTORYの
焼き菓子詰め合わせ
バナファク巾着付

ほろほろクッキーなど
人気焼き菓子を詰め合わせ。中身は時期によって異なる。1800円

BANANA
FACTORY → P.107

食べると止まらなく
なるおいしさ
一心堂本舗の東京
野菜カリーおかき／
東京野菜おかき

野菜カリーおか
きはおかき2種
と6種の野菜ス
ティック入り

野菜を使った
おかき2種類
（各950円）。
食べきりサイズの個包装

TOKYO!!! → P.47

抹茶ロールは
冬季限定商品

ほろ苦抹茶と
クリームの
バランスがいい
自由が丘
ロール屋の
抹茶ロール

宇治抹茶が上品に香る人気の品。ほろ苦さと甘さがちょうどいい。12cm 1630円

自由が丘
ロール屋 → P.36

ふんわり生地に
フルーツ盛りだくさん！
自由が丘ロール屋の
季節のフルーツロール

4種類の旬の果物となめらかクリームを自慢の生地で巻いた1品。12cm 1800円

自由が丘
ロール屋 → P.36

リッチなバターと上品あんこのマリアージュ
大三萬年堂HANAREの
さくさくあんこパイ

じゅわっと口の中で広がるバターの香りとあんこが一体となり絶品。2916円

大三萬年堂
HANARE → P.52

「一心堂本舗」の東京野菜カリーおかきは、スパイスが効いていて食感もいい。日持ちもするので喜ばれます。（埼玉県・桜）

ゼリーのような新食感フルーツグミ
PAPABUBBLEのバブレッツ缶

ジューシーな果汁を閉じこめた目
にも美しいグミ。GINZA SIX限定、
和紙の簡も上品。8個入り1650円

たっぷりカスタードで幸せの味
西洋菓子しろたえのシュークリーム

やわらかな薄生地の中にはカスター
ドクリームがぎっしり！　1個190円

西洋菓子しろたえ → P.56

エシレ バターがふわっと香るアイス
**ÉCHIRÉ MAISON DU
BEURREのエシレ グラス**

エシレ バターを全体の2割使った
贅沢なバターアイス。プールなど3
種類あり562円〜

ÉCHIRÉ MAISON
DU BEURRE → P.26

1個でも
食べ応えあり

ピスターシュ

プール

ラムレザン

ありがとうを伝える特別ギフト
洋菓子のプルミエールのMERCIサブレ

フランス産ヴァローナチョコ
レートと国産発酵バターを使っ
た高級サブレ12枚入り1090円

パッケージも
すてき！

セットもおすすめ！

ほか4種のサブレとハーブティー
の詰め合わせMERCI BOX3980円

バタークリームを
たっぷり挟んだ
**ÉCHIRÉ PÂTISSERIE
AU BEURREのサブレサンド**

エシレ バターをたっぷり使ったクリーム
をしっとりしたサブレ生地でサンド。ミル
キーでコクのある味わい。3種類各324円

Shop list

エシレのお菓子専門店
ÉCHIRÉ PÂTISSERIE AU
BEURRE東急フードショーエッジ店
エシレ・パティスリー オブール トウキュウフードショー エッジテン

フランス産 A.O.P. 認定発酵バター
「エシレ」を使ったお菓子を中心に
販売。

Map　P.122-B1　渋谷
🏠 渋谷区渋谷2-24-12 渋谷スクラン
ブルスクエア ショップ＆レストラン1階
☎ 非公開 🕙 10:00〜21:00 ⏰ 不
定休 🚉 JR渋谷駅直結
🔗 www.
kataoka.
com/echire/
patisserie
aubeurre/
shibuya/

作りたてにこだわる焼き菓子が並ぶ
noix de beurre
伊勢丹新宿店
ノワ・ドゥ・ブール イセタンシンジュクテン

作りたてにこだわり、シンプルな材
料でひと手間をかけた焼き菓子がお
いしい。フィナンシェは特に人気。

Map　P.118-A2　新宿
🏠 新宿区新宿3-14-1 伊勢丹新宿店
本館地下1階 ☎ 03-3352-1111（大
代表）🕙 10:00〜20:00 ⏰ 不定休
🚉 地下鉄新宿三丁目駅から徒歩1分
🔗 www.noix
-de-beurre.
com 🛒 都内にほか
2店舗あり

スペイン生まれのアートキャンディ
キャンディアートミュージアム
by PAPABUBBLE
キャンディアートミュージアムバイパパブブレ

熟練の職人技が光るアートキャン
ディの店。同店舗はキャンディで作
られたアートも展示されている。

Map　P.121-C1　銀座
🏠 中央区銀座6-10-1 GINZA SIX
B2 ☎ 03-6228-5535 🕙 10:30
〜20:30 ⏰ 地下銀座
座駅A3出口から徒歩2分
🔗 www.
papabubble.
jp 🛒 都内に
ほか4店舗あり

かわいくておいしい！ 老舗パティスリー
洋菓子の
プルミエール
ヨウガシノプルミエール

「絵本の中のお菓子の家」がテーマ。
素材のおいしさを引き出すのが得意
で、特に種類豊富なオリジナルクッ
キー缶は人気。

Map　P.116-A2　立川
🏠 立川市西砂町1-36-11 ☎ 042-
531-4835 🕙 11:00〜18:00
⏰ 月・火・水 🚉 西武拝島線西武
立川駅南口
から 徒歩5分
🔗 www.
premiere-7.
com

帰省

帰省の手みやげには持ち運びやすく、賞味期限に余裕があるものを選びたい。有名店の定番商品も喜ばれる。

Hometown

2層のバターサンドクッキー
PRESS BUTTER SAND の
バターサンド

赤坂店限定羊羹　とらやの千里の風

屋号の"虎"にちなみ、黄色と黒の虎斑をパッケージにした特製羊羹。中形1本1944円、竹皮包は1本3888円

クッキーにキャラメルとクリームをサンド。右は焼きたてバターサンド1個200円。左はバターサンド〈黒〉

山田錦の
米粉使用

和の食材と米粉の
優しい口当たり
kiki SHOPのガトーショコラ

もっちり食感の米粉生地に希少な和の食材を組み合わせた和洋折衷のガトーショコラ。8個入り2160円

チーズの味が濃くなめらか!
資生堂パーラーの
スペシャルチーズケーキ

ビスキュイ生地でデンマーク産クリームチーズを包み焼き上げたスペシャリテ。3456円

資生堂パーラー → P.23
銀座本店ショップ

銀座本店
ショップ限定品

焼き菓子5種類14個入り
AU BON VIEUX TEMPSの
ガトー・デュ・テ

ツール・ド・フランスをモチーフにした缶の中にはていねいに作られた焼き菓子が。4750円

AU BON VIEUX P.57
TEMPS →

赤坂店限定の
ショウガ入り焼き菓子
とらやの残月

残月を表したショウガ風味の焼き菓子（1個303円）。通常の残月より甘さ控えめ。毎日13:30〜販売

毎日店で
焼き上げ

Shop list

八芳園の中にある
kiki SHOP キキ ショップ

美しい日本庭園をもつ八芳園内のショップ。日本各地の希少性のある食材や旬のものを使って作るチョコレートやガトーショコラを販売。

Map **P.119-B3** 白金台

🏠港区白金台1-1-1　八芳園メインロビー内　☎0570-064-128 ⏰11:00〜17:00 🚫年末年始 🚇地下鉄白金台駅2番出口から徒歩1分 🔗www.kiki-chooolato.jp

創業約500年の老舗和菓子店
とらや　赤坂店 トラヤ アカサカテン

室町時代後期に京都で創業した日本を代表する和菓子店。看板商品の羊羹はあまりにも有名。

Map **P.119-A3** 赤坂

🏠港区赤坂4-9-22　☎03-3408-2331 ⏰9:00〜19:00、土・日・祝9:30〜18:00 🚫毎月6日（12月を除く）🚇地下鉄赤坂見附駅A出口から徒歩7分 🏬都内ほか百貨店の売店含め30店舗あり 🔗www.toraya-group.co.jp

バターサンド専門店
PRESS BUTTER SAND東京駅店
プレスバターサンド トウキョウエキテン

店内でホイップする濃厚で口溶けなめらかな焼きたてバターサンドが評判。都内では東京駅店でのみ販売。

Map **P.121-A1** 丸の内

🏠千代田区丸の内1-9-1 JR東京駅1F改札内　☎0120-319-235（10:00〜19:00）⏰8:00〜22:00 🚫不定休 🚇JR東京駅直結 🏬都内ほか8店舗あり 🔗buttersand.com

📧「AU BON VIEUX TEMPS」の焼き菓子は、素朴な味わいだけれど素材のバランスがよく万人受けする味だと思います。（東京都・匿名希望）

会社・取引先

ビジネスシーンでの手みやげは先方の人数や年齢層なども考慮して選びたい。個包装やひとロサイズで分けやすいものがおすすめ。

Company & client

お祝いのギフトにも

さまざまな世代に人気のロングセラー
赤坂柿山の
柿山セレクト

薄焼きおかきなど3種類7フレーバーを詰め合わせ。74枚入り5400円

果物のうま味が凝縮

しっとりやわらかなドライフルーツ
綾farmのセミドライフルーツ
8種プチギフト

日本各地の厳選フルーツを自社工場で加工。しっとりやわらか食感が美味。1500円

色とりどりのフランス砂糖菓子
AU BON VIEUX TEMPSの
コンフィズリー詰め合わせ

AU BON VIEUX TEMPS → P.57

ヌガーやメレンゲなど約15種類を詰め合わせ。20個入り5250円

華やかなショコラのブーケ
MESSAGE de ROSEの
ソニア・ル・ブーケM
ロゼ&ブラン

バラの花を模したチョコレート。ラズベリー、ホワイト、ミックスの3種類で3272円

MESSAGE de ROSE → P.23

富士山かけ紙の包み

甘さすっきりのあんこが美味
恵比寿 豆園の
白いきんつば

あずきの中でも0.1%しか取れない希少な白あずきをふんだんに使ったきんつば。1個420円。予約制で販売

15種類の焼き菓子を楽しめる
ASAKO IWAYANAGI PLUSの
定番焼き菓子詰め合わせC

サブレやマドレーヌ、季節の果実を使ったケーキなど15種類のものが楽しめる。5400円

ASAKO IWAYANAGI PLUS → P.21

※内容は変更の可能性あり

華やかで美しいパッケージも魅力
赤坂柿山の赤坂
あわせ（3缶入り）

蒔絵の小箱のような美しい缶に定番おかきを詰め合わせ。3240円

Shop list

あられ・おかきの専門店
赤坂柿山 赤坂総本店
アカサカカキヤマ アカサカソウホンテン

お米の香りとうま味が感じられるおかきの専門店。上品で高級感あるパッケージはギフトにぴったり。

Map P.119-A3 赤坂

🏠港区赤坂3-6-10 ☎0120-1971-21 🕘9:00〜20:00、土9:30〜18:00 休日・祝 🚇地下鉄赤坂駅7番出口から徒歩3分 URL www.kakiyama.com

国産ドライフルーツ専門店
綾farm GINZA SIX店
アヤファーム ギンザ シックステン

国産果実のおいしさを最大限生かした風味豊かなセミドライフルーツは、しっとりジューシー。

Map P.121-C1 銀座

🏠中央区銀座6-10-1 GINZA SIX B2 ☎03-6263-9739 🕘10:30〜20:30 休施設の休館日、1/1 🚇地下鉄銀座駅A3出口から徒歩2分 URL www.aya-farm.com

新感覚のきんつばが話題
恵比寿 豆園 エビス マメゾノ

チョコレートや果物など、素材にとらわれないきんつばは、ほかでは味わえない逸品揃い。全10種類ほど。

Map P.123-B2 恵比寿

🏠渋谷区恵比寿4-9-7 ABEビル恵比寿1階 ☎03-5789-9899 🕘10:00〜19:00 不定休 🚇JR恵比寿駅東口から徒歩3分 ［ルミネ立川店］立川市曙町2-1-1 ルミネ立川1階 URL www.mamezono.co.jp

食べて使って二度おいしい
クッキー缶図鑑

さまざまなシーンで喜ばれる、すてきなパッケージに詰められた
クッキー。缶までかわいい、食べたあとも使える
おいしいクッキー缶をご紹介。

POMOLOGY
P.50
クッキーボックス レモン
1620円

北海道産小麦とバターを使った塩レ
モンクッキー、アイシングレモンクッ
キー、プレーンクッキーの3種類。レ
モンの甘酸っぱさや素朴な甘味が感
じられる。39枚入り。

Ryoura
P.18
サブレアソルティつばき
2000円

サブレ・ショコラ、サブレ・フィアン
ティーヌなど5種類のサブレの詰
め合わせ。オーナーシェフの故郷に
咲く佐渡椿が描かれたオリジナルデ
ザインの缶がすてき。

ATELIER Sabléya
Ⓑ
アトリエ アソート
3240円

鳥や花、月などの型抜きクッキーが
愛らしい。バターたっぷりで口の中
ではろほろとほどける、サブレ専門
店ならではのこだわりクッキーが楽
しめる。38個入り。

> 2缶セットで購入
> するとスリーブ
> が付く

ÉCHIRÉ PÂTISSERIE AU BEURRE
P.63
サブレ グラッセ
3888円

サクサクのバターサブレにエシレ バ
ターと砂糖で仕上げたグラッセを贅沢
にかけた焼き菓子。エシレの「E」の刻
印と牛の絵がかわいい。10枚入り。

ÉCHIRÉ MAISON DU BEURRE
P.26
ガレット・エシレ（左）とサブレ・エシレ（右）
各3240円

エシレ バターのおいしさをしっかり味わえるなめ
らかな口溶けのガレット・エシレと、エシレ バ
ターを100%使用したリッチな味わいのサブレ・エ
シレ。青と白の缶もかわいい。各12枚入り。

noix de beurre
P.63
サブレ・アソルティ
2376円

白地にフランス語の文字が上品な缶
にクロッカン、ココナッツ、フロラ
ンタンなど、食感や味わいが異なる
個性豊かな7種類を詰め合わせた人気
商品。25個入り（295g）。

💬「noix de beurre」のサブレ・アソルティは手みやげに持っていくと必ず喜ばれるので、重宝しています！（東京都・匿名希望）

B

優しい味わいのサブレ専門店

ATELIER Sabléya
アトリエ サブレヤ

`Map P.121-A2` 日本橋

まるで絵本の世界のような、かわいらしい見た目が話題のサブレ専門店。マーガリン、ショートニング不使用でバターの香り豊かなサブレが楽しめる。

🏠中央区日本橋2-4-1日本橋高島屋S.C.本館 B1 ☎03-3211-4111
🕐10:30〜19:30 休不定休 地下鉄日本橋駅B3出口直結 URL www.takashimaya.co.jp/nihombashi 🛒

C

誰かに贈りたくなる手作りお菓子

菓子工房ルスルス 浅草店
カシコウボウルスルス アサクサテン

`Map P.117-A2` 浅草

大切な誰かに贈りたくなる、シンプルにおいしく、かわいらしい手作りの焼き菓子を販売。夜空缶のほか、ネオン缶や鳥のかたちクッキーなども人気がある。

🏠台東区浅草3-31-7 ☎03-6240-6601 🕐土・日12:00〜19:00 休月〜金 地下鉄銀座線浅草駅6番出口から徒歩10分 都内にほか2店舗あり URL www.rusurusu.com

クッキー缶図鑑

資生堂パーラー
◆◆◆
プティ フール セック グラン
3780円

`P.23`

千鳥格子がデザインされたおしゃれな缶にガレット、ノワ、フランボワーズなど11種類が入った贅沢な焼き菓子詰め合わせ。55個入り。銀座本店ショップ限定品。

5種類入りのポワットレシャも人気！

プティ フール セック

菓子工房ルスルス
◆◆◆
夜空缶
1620円

C

バターの風味が感じられるさっくり生地に、レモン風味のアイシングを施した星形クッキー。同封のブルーの折り紙にのせると、たちまち夜空が現れる粋な仕掛けが楽しい。18枚入り。

Addict au Sucre
◆◆◆
レシャ アン パステル
4968円

A

オーナーパティシエの愛猫が描かれたキュートな缶が目を引く。定番のネコの形のサブレのほか、オレンジとチェリーのさわやかな味わいのサブレフロランタンなど8種類（400g）。

洋菓子のプルミエール
◆◆◆
フラワースノーボール
1280円

`P.63`

可憐な白い花が立体的にデザインされた缶の中には国産の発酵バターを贅沢に使用したスノーボールがぎっしり。口の中でほどける絶妙なサクホロ食感にファンが多い。12粒入り（100g）。

HOLLÄNDISCHE KAKAO-STUBE
◆◆◆
テーゲベック
3888円

`P.23`

クラシカルな缶に入ったドイツのビスケットで、テー（Tee）はお茶、ゲベック（Gebäck）は焼き菓子を意味するドイツではティータイムの定番のおやつ。7種類26個入り。

洋菓子のプルミエール
◆◆◆
ビジューサブレ
1090円

`P.63`

デコラティブなビジューの缶が乙女心をくすぐる大人気商品で月間販売個数4万缶を記録。フランス産ヴァローナチョコレートと国産発酵バターをたっぷり使用したサブレで、リピーターも多い。12枚入り（135ｇ）。

缶入りクッキーの賞味期限は、商品によって異なるが、だいたい製造から30日。

鈴木信太郎画伯の絵がシンボル
MATTERHORN

マッターホーン

創業の1952年以来、1店舗主義を掲げる。カルピスバターなど良質な素材を使って作られる洋菓子は、幅広い世代に支持され、客足が途絶えない人気店。

Map P.118-C2　学芸大学

🏠目黒区鷹番3-5-1　☎03-3716-3311　🕐ショップ9:00〜18:30、喫茶12:00〜17:00（L.O.16:30）
🈺火（祝日の場合は営業）🚃東急東横線学芸大学駅西口から徒歩2分
URLmatterhorn-tokyo.com
🛒※FAXでの注文・配送

喫茶には画家・鈴木信太郎氏の絵が飾られている

長年愛され続ける
老舗店の逸品

時代が変わっても、
人々に愛され親しまれてきた老舗の味。
一度食べると、また食べたくなる、
人気和菓子店＆洋菓子店の
ロングセラーの逸品をご賞味あれ。

手前はオレンジのさわやかな酸味がおいしいガトーオランジェ380円、奥はミルフィーユ330円

売り切れ必至の浅草名物
浅草亀十

アサクサカメジュウ

大正末期に創業した浅草を代表する老舗和菓子店。東京三大どら焼きのひとつとも称される名物のどら焼きをはじめ、気取らない素朴な和菓子が並ぶ。

はみ出るほどたっぷりあんこが入った最中（1個330円）

Map P.117-B1　浅草

🏠台東区雷門2-18-11
☎03-3841-2210　🕐10:00〜19:00　🈺不定休（月1日程度）🚃地下鉄銀座線浅草駅2番出口から徒歩1分

BEST SELLER
どら焼き

職人が一枚一枚手焼きで作るふわふわな生地に感動。大ぶりだけれどぺろりと食べられてしまうことと間違いなし。つぶあんと白のこしあんの2種類あり、1個360円。

ふわっと黒糖香るふかふかの蒸しパンであんこを包んだ松風（1個260円）

📮「浅草亀十」のどら焼きは夕方には売り切れることもある超人気商品。午前中に買いに行くのがおすすめです。（東京都・どらみ）

汁粉も
おすすめですよ！

あんみつ

「みつ豆にあんこをのせてほしい」という常連客の要望で誕生。すっきりとした甘さの自家製あんこが自慢。写真は店内用で持ち帰り（600円）はトッピングが若干異なる。

あんみつ発祥の店
銀座若松
ギンザワカマツ

1894年の創業当時から同じ場所で店を構える甘味屋。昭和の初めにあんみつを考案した店として知られており、当時のレシピを変えずに懐かしの味を守り続けている。

Map **P.121-C2** 銀座

🏠 中央区銀座5-8-20 コアビル1F ☎03-3571-0349 🕐11:00〜19:30 休無休（ビルに準じる）🚇地下鉄銀座駅A4出口から徒歩1分 URLginza-wakamatsu.co.jp

時代を感じるレトロで居心地のいい空間

老舗店の逸品

130年以上続く洋菓子の名店
近江屋洋菓子店
オウミヤヨウガシテン

1884年創業。素朴で愛らしいルックスの洋菓子は懐かしさを残しながらも旬のもの、良質な素材を贅沢に使い真面目にていねいに作られているのが伝わる品ばかり。

Map **P.119-A3** 神田

🏠 千代田区神田淡路町2-4 ☎03-3251-1088 🕐9:00〜19:00、日・祝10:00〜17:30 休年始 🚇地下鉄・小川町駅A3出口から徒歩2分 URLwww.ohmiyayougashiten.co.jp

毎日生地から作るリンゴたっぷりのアップルパイ

包みもかわいい

レーズンたっぷり

レイズン・ウィッチ

ほのかに洋酒が香るカリフォルニア産の肉厚レーズンと、なめらかで口溶けのいい特製クリームをバニラの豊かな風味のしっとりクッキーで挟んだ名品。10個入り1188円。

元祖レイズン・ウィッチといえば
巴裡 小川軒
パリ オガワケン

1905年創業の洋食屋が前身。昭和中頃にレイズン・ウィッチを誕生させ、誰もが知る有名店に。フレッシュで高品質な旬の素材にこだわった生菓子もおすすめ。

Map **P.118-C2** 学芸大学

🏠 目黒区目黒本町2-6-14 ☎03-3716-7161 🕐10:00〜18:00、土〜17:00 休日・祝、不定休 🚇東急東横線学芸大学駅東口から徒歩10分 【新橋店】港区新橋2-20-15新橋駅前ビル1号館1階（第一京浜側）URLogawaken.co.jp

カスタードと生クリームをきめ細かなふんわりスポンジで包んだ小川軒ロール324円

苺サンドショート

どこを食べてもイチゴと生クリームを楽しめるようにと、10粒ものフレッシュイチゴをまるごと使用。ふわふわスポンジと甘いクリームがたまらない愛すべき1品。1080円。

「銀座若松」の看板の「若松」の文字は、日本画家の前田青邨氏が書いたとされる。

I love it ♥

チョコレート好きに贈るなら
Bean to Barのこだわりギフト

カカオ本来の味わいを楽しめるよう職人たちのこだわりが詰まったBean to Bar チョコレート。チョコレートバーはもちろん、ケーキやクッキーなど、専門店 ならではのチョコレート菓子が楽しめるaruco的推しの4店をご紹介。

Bean to Barチョコレートって？
チョコレートの原料であるカカオ豆の選 定からチョコレートバーになるまでを一 貫して手がける手法のこと。ブレンドせ ず単一カカオだけを使うシングルオリジ ンが多いのも特徴のひとつ。カカオは産 地や種類によって味わいが異なることか ら農園へ直接出向いて仕入れる店も多い。

5種類のチョコを食べ比べできるTasting Set M 3834円

※代々木上原店とオンラインストアのみで の販売

食感の違いが楽しめる生ガトーショコラNUTTY3510円

引き算の哲学から生まれる香り豊かなチョコレート
Minimal
ミニマル

最小限の材料を使ってカカオそれぞれの魅 力や個性を最大限に引き出す実力店で、国 際品評会で多数の受賞歴をもつ。今まで味 わったことのないチョコに出合えるはず。

富ヶ谷本店

Map **P.118-B2** 代々木公園

🏠渋谷区富ヶ谷2-1-9　📞03-6322-9998　🕚11:30 ～19:00　休無休　🚇地下鉄代々木公園駅1番出口か ら 徒歩6分、小田急線 代々木八幡駅南口から 徒歩6分【Minimal The Baking 代々木上 原店】渋谷区上原1-34 -5　URL mini-mal.tokyo

濃厚クリーム チーズの味わい と果実のような チョコの風味が クセになる。チ ョコレートレアチー ズケーキ2980円

4種の異なるカカ オを使ったなめ らかなチョコを ビタークッキー でサンド。チョ コレートサンド クッキー1944円

Point
★ カカオ農園に直接足を運び、仕入れる
★ カカオの個性に注目し、最大級ポテンシャルを引き出す
★ チョコレートの国際品評会で5年連続・合計63賞受賞

　♥「Minimal」の生ガトーショコラNUTTYは中が生チョコのような質感。濃厚だけどしつこくなく、上品な味わいでした。（東京都・NM）

サンフランシスコに本店をもつ
DANDELION CHOCOLATE
ダンデライオン・チョコレート

ガトーショコラは
木箱に入れてお渡し

ドミニカ共和国のカカオ豆をはじめ、生産者から直接購入したシングルオリジンのBean to Barチョコレート専門店。2階のカフェでは製造工程が見られ、ワークショップも開催。

ファクトリー&カフェ蔵前

Map P.119-A4 蔵前

🏠 台東区蔵前4-14-6 📞 03-5833-7270
🕐 11:00～18:00 休 不定休
🚇 地下鉄蔵前駅A3出口から徒歩3分
🏠 【表参道店】渋谷区神宮前5-10-1 GYRE B1 URL dandelionchocolate.jp

1. インド産カカオを使った芳醇な味わいのガトーショコラ3888円 2. まろやかで繊細な味わいをもつ、ワンプウ、ホンジュラス70% 1296円

Point
★ チョコレート作りの過程を見られるオープンファクトリー
★ ダイレクトトレードで日本では珍しいカカオ豆も取り扱う
★ シングルオリジンのカカオ豆とオーガニックきび砂糖のみで作る

Bean to Barのこだわりギフト

デンマーク発100%オーガニックチョコブランド
Summerbird ORGANIC
サマーバード オーガニック

1. クリームキス378円～ 2. 日本限定のミニタブパス2138円 3,4,5. ペルーやエクアドル産カカオを使ったチョコバー各1620円。3は欧州品評会で最高金賞を受賞したアンバー 6. グラノーラチョコレート1080円

デンマーク政府お墨付きオーガニックチョコの店。ふわふわのメレンゲクリームをチョコで包んだクリームキスは見逃せない。

Map P.122-B2 青山

🏠 港区南青山5-5-20 📞 03-6712-6220
🕐 10:00～20:00 休 不定休 🚇 地下鉄表参道駅B3出口から徒歩5分 URL www.summerbird.jp 🛒

Point
★ デンマーク政府認定の100%オーガニック素材から製造
★ 看板商品クリームキスの製造工程が見られるラボがある
★ ペルー、エクアドル産の有機栽培された2種類のカカオ豆を使用

チョコレートで笑顔の魔法をかける
MAGIE DU CHOCOLAT
マジ ドゥ ショコラ

カカオを楽しんでね!

オーナーシェフ
松室和海さん

カカオの魅力を知ってほしいと、カカオ豆を煮て甘納豆風にしたり、和三盆など和の食材を使ったりと、創意工夫あふれる商品が並ぶ。

DATAは → P.36

1. ホワイトチョコティラミス620円 2. 台湾、ペルー、ガーナの豆を使ったカカオ甘納豆。カカオ豆を煮ることで複雑な味わいに(各880円) 3,4. 2019年国際品評会で銀賞受賞したペルー62%(1950円)は花の香りを感じる優しい味

Point
★ カカオ農園と直接取引を目指し、珍しい台湾の農園とも契約
★ カカオ豆を使った甘納豆など新しいチョコの形を発信
★ 希少な高級カカオ、クリオロ種使用の商品がある

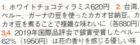

「Summerbird ORGANIC」のクリームキスはデンマークの伝統菓子をアレンジしたもの。バニラ、ストロベリーのほか季節限定フレーバーがある。

1000円以下の
プチギフト

贈る相手に気を使わせない、でも絶対に喜ばれる
値段もサイズも"プチ"なおいしい手みやげをチェック！

ほかの2種類も
かわいい！
カンロ飴のほか、金のミルク、ボイスケアののど飴が入ったバージョンもある。各680円

680円

ヒトツブ カンロ の
あめちゃん袋

ポップな柄の巾着袋の中にカンロ飴66gが入り、持ち運びに便利。「Kanro」のおなじみカンロ飴は隠し味に醤油が入った、まろやかな甘さとすっきりしたあと味のキャンディ。 **B**

481円

381円

ちょっとずつ
試せるサイズが
うれしい！

Fève の
フェーヴ×セラヴィ／
カシュー×
フランボワーズ

左はピスタチオにフランボワーズチョコとホワイトチョコを2層がけにしたフェーヴ×セラヴィ。右は甘酸っぱいラズベリーのパウダーでカシューナッツをコーティングしたカシュー×フランボワーズで、ジューシーなドライパイン入り。 **C**

熟練の職人
による手作り
キャンディ

1袋640円

PAPABUBBLE の
フルーツミックス

絵柄がかわいいのはもちろん、甘酸っぱく口の中でほどけるおいしさで人気のPAPABUBBLEの看板商品。15種類以上のフレーバーがあり、写真のフルーツミックスはランダムで約10種類のフレーバー入り。 **H**

500円

400円

東京駅限定品
もあるよ
丸の内駅舎がデザインされた東京駅限定パッケージは色違いで3種類あり、こちらもおすすめ。

400円

400円

一番人気は
ハニー＆
レモン味

ヒトツブ カンロ の
フルーティ
アロマのど飴

秋田犬やパンダなどがデザインされた缶は思わず手に取ってしまうかわいらしさ。左上のアリガトウの小さな缶にはペンでメッセージが書ける仕様。 **B**

2袋8枚入り680円

Fairycake Fair の
プチ
マイビスケット

アイシングクッキー、ショートブレッドなど味の異なるビスケットが4種類ずつ2包入ったビスケット小箱。シンプルだけれど素材の味が感じられる。 **I**

「ヒトツブ カンロ」のフルーティアロマのど飴は、いろいろな絵柄があってどれもかわいいし、飴も小粒なのがとってもいい。（東京都・t）

資生堂パーラー の
金平糖 3種

昔ながらの製法で14日間かけて作られる。左からミックス（子猫）、ピンク（女の子）、ホワイト（男の子）の３種類。銀座本店ショップ限定品。 **E**

各648円

プレーンとカカオの2種類入り

2個セット入り800円

珈琲天国 の
カップ型クッキー
（さじ付き）

「珈琲天国」で実際に使われている「天国」の文字入りコーヒーカップをモチーフにしたクッキー。発酵バターを使っていて風味がいい。 **A**

プチギフト

MUSÉE DU CHOCOLAT THÉOBROMA の
プティコロンヌ ドラジェ 20粒

チョコレートに何層もシュガーコーティングした華やかなスイーツ、ドラジェ。20粒のうち16粒はカカオ含有量70％のチョコを使用、残りは50％のチョコ。 **F**

900円

ACHO 神楽坂 の
チョコロック

ビスケットにドライフルーツとナッツを合わせ、チョコレートで混ぜ固めたクランチなスイーツ。ビター（手前左）、アーモンド（手前右）が定番。 **D**

緑茶は季節限定商品

各626円

ヒトツブ カンロ の
グミッツェルBOX 6個セット

プレッツェルをイメージした形状

800円

外側はパリッ、中はしっとりの次世代食感グミ。JR東京駅の人気みやげランキングには毎回上位に入る人気商品。フレーバーは6種類。 **B**

PAPABUBBLE の
バブルチョコレート

濃厚チョコにフルーティなグミ、バブレッツが入った新感覚のチョコレート。写真は上から時計回りに、バナナチョコ、オレンジマンゴー、ストロベリーピーチ。 **H**

320円〜

一心堂本舗 の
将棋べっこま飴

500円

王将、歩兵など、8種類の将棋の駒をほぼ原寸大で再現したべっこま飴。ひふみんの愛称で親しまれる加藤一二三氏が開発に携わっているそう。 **G**

「Fève」とはフランス語でソラマメや、幸運をもたらすといわれるガレット・デ・ロワの中に入っている陶器を意味するそう。

お茶やコーヒーからアルコールまで
おもたせの**ドリンク**いろいろ

きちんとした贈答に、差し入れや
カジュアルな手みやげに、ドリンクギフトはいかが?
季節やシチュエーション、贈る相手の
好みに合わせて選ぼう。

お茶&コーヒー

TEA & COFFEE

「TEAPOND」は
良質な茶葉
揃えてます

コクテール堂の エイジングコーヒー
AKOMEYA ブレンド珈琲

1949年創業、日本で唯一エイジングコーヒーを作る「コクテール堂」がオリジナルでブレンドしたコーヒー。コク、苦味、酸味のバランスがいい。中挽き、200g1059円

AKOMEYA TOKYO
in la kagū　→ P.84

フランスの
ハーブ薬局を
イメージした
「TEAPOND」
の店内

TEAPOND → P.75

TASTING

人気銘柄のひとつ、アールグレイブルーバードはすっきりとした味わいで飲みやすく華やかな香り。

ナンバー缶入りティーバッグ
TODAY'S TEA NUMBER

ナンバーがデザインされたカラフルな缶が目を引く。10種類の個性豊かな銘柄のティーバッグが1缶につき3〜4個入る。写真はおすすめ銘柄3缶セット2494円
※セット内容は変更の可能性あり

30秒でできる緑茶のセット
水出し緑茶ティーバッグ オリジナルボトル 巾着セット

茶葉ブランド「EN TEA」の水出し緑茶のティーバッグと「TOKYO!!!」オリジナルボトルが巾着に入ったお茶セット。2煎目、3煎目も楽しめる。2750円

TOKYO!!! → P.47

MUSÉE DU CHOCOLAT
THÉOBROMA → P.23

カカオティーと マグのセット
カカオポットマグ

マダガスカル産カカオのハスク(皮)とニブ入りのカカオティー5個、オリジナルのカカオ型マグカップ、クランチチョコレートがセットになったチョコ好きにはうれしいセット。2926円

「天国珈琲」はホットケーキが有名だけれど、コーヒーも実はレベルが高くすごくおいしい。(東京都・モリンホール)

TASTING

深煎りは、コクと深みのある味わいでホットはもちろん、アイスコーヒーにしてもおいしい。

オリジナル缶がかわいい
豆入り珈琲缶

味のある"天国"文字と店の外観が描かれたコーヒー缶。店で提供するコーヒー豆入りで、1缶1800円

珈琲天国 → P.73

「やなか珈琲」のスペシャルブレンド
カメノコブレンド　ドリップパックコーヒー

生豆から焙煎するコーヒー専門店「やなか珈琲」が「亀の子束子 谷中店」のためにブレンドしたコーヒー。浅煎り、深煎りの2種類あり、1パック172円

亀の子束子
谷中店 → P.35

人気銘柄8種類セット
ティーバッグ セレクション

ダージリン、フレーバーティー、ミルクティーブレンドなど8種類の人気銘柄のティーバッグがバランスよくセレクトされたギフトセット。1458円

TEAPOND → 下記

TASTING

牛乳や豆乳で4倍に希釈するとお店の味に。冬は濃厚ミルクを使いホットで楽しむのもあり。

お店の味を自宅で再現
カフェオレベース

深煎りのコロンビアをベースにドリップしたカフェオレベース。ほんのり甘い加糖と、無糖の2種類あり、各275ml で1100円。手描き風イラストもかわいい

SHOZO TOKYO STORE
CAFE & GROCERY → P.111

ハーブティーとコンポートのセット
［書のもの、そのまま］ティータイムセット

AKOMEYA TOKYO
in la kagū → P.84

無添加のハーブティーと、コンポートがセットになった「AKOMEYA TOKYO」の人気商品。果肉がごろっと入った贅沢なコンポートはイチゴとキウイの2種類。2765円

ティーバッグ2個入り
TEA for TWO

1袋にふたつの三角形のティーバッグが入った人気商品。モノトーンのクラシックなパッケージデザインもすてき。70〜80銘柄あり、1袋378円〜

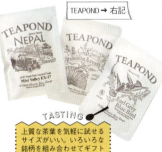

TEAPOND → 右記

TASTING

上質な茶葉を気軽に試せるサイズがいい。いろいろな銘柄を組み合わせてギフトにするのもおすすめ。

香り豊かな高級ほうじ茶
金ほうじ

芳翠園 → 下記

有機肥料での土作りからこだわった無添加のほうじ茶。三重県産緑茶の一番茶から出る軸と茎を贅沢に使った、香ばしく豊かな香りが楽しめる。100g1350円

茶匠の名を冠した銘茶
煎茶　名人憲太郎

芳翠園 → 下記

茶匠、杉本憲太郎氏が育てた一番茶の新鮮な茶葉を、独自の深蒸し製法で雑味のない上品な甘さに仕上げた「芳翠園」の看板商品（80g3240円）。水出しもおすすめ

厳選茶葉を揃えた紅茶専門店
TEAPOND　ティーポンド

世界中からえりすぐった約80種類の良質な茶葉を扱う。缶入りや袋入り、茶葉またはティーバッグがあり、季節限定銘柄も出る。

Map P.122-A2　青山

🏠 港区北青山2-14-4　the ARGYLE aoyama 1F　☎03-6434-7743　🕚11:00〜20:00　㊡無休　Ⓜ地下鉄外苑前駅3番出口から徒歩3分　🏠【清澄白河店】江東区白河1-1-11　Ⓤwww.teapond.jp 🛒

神宮司庁御用達の銘茶
芳翠園　ホウスイエン

1887年創業、皇室にも献上される煎茶 名人憲太郎で知られる老舗茶舗。独自製法によりお湯で入れても水出しでも楽しめる。

Map P.121-C2　銀座

🏠 中央区銀座3-6-1　松屋銀座店B1　☎03-3567-0766　🕙10:00〜20:00　㊡無休　Ⓜ地下鉄銀座駅A12出口直結　🛒都内ほか5店舗あり　Ⓤwww.tea.co.jp

---

ALCOHOL DRINK

程よい甘さの梅リキュール
PLUM

TASTING

梅の風味のなかにほんのり日本酒の香りが鼻をくすぐる。上品な甘さで、ソーダで割るとサワーのよう

どぶろくベースの梅味のリキュール。きれいなピンク色はハイビスカスの花由来。ソーダで割るとサワーのよう。女性への贈り物や手みやげにおすすめ。798円

東京港醸造 → P.43

ワインを注いで作るサングリア
自由が丘サングリア

ボトルの中に各種スパイスとドライフルーツが入っていて、ワインを注ぎ入れて冷やせばサングリアに。左が赤ワイン用、右が白ワイン用で各1296円

香辛堂 → P.37

ハーフボトルワイン3本入り
ザ・ペニンシュラ東京 オリジナルワイン&シャンパンギフトセット

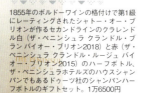

1855年のボルドーワインの格付けで第1級にレーティングされたシャトー・オー・ブリオンが作るセカンドラインのクラレンドル白(ザ・ペニンシュラ クランドル・ブラン バイオー・ブリオン2018)と赤(ザ・ペニンシュラ クランドル・ルージュ バイオー・ブリオン2015)のハーフボトル、ザ・ペニンシュラホテルズのハウスシャンパンでもあるドゥーツ社のシャンパンハーフボトルのギフトセット。1万6500円

THE PENINSULA TOKYO → P.39

TASTING

マスカット系の香りでさわやか。透き通るようなきれいなうま味で、普通のお米のお酒と遜色なし。

ユニークな製法のクラフトワイン
渋谷ワイナリー東京のワイン

渋谷に誕生したマイクロワイナリーでは選び抜いたブドウの個性を引き出し、ていねいに醸造。店内の醸造タンクから瓶詰め、即商品棚へ

渋谷ワイナリー・東京 → P.43

TASTING

赤はイチゴのような香りと味わい。白はさわやかでフレッシュ。ロジは果実の香りのあとにほろ苦さも

無洗米醸造法で作られた日本酒
SUSTAINABLE SAKE PROJECT

東京港醸造 → P.43

「東京港醸造」考案の無洗米を使用する醸造法により、洗米に必要な水の使用量を10分の1まで削減。洗米工程も簡略できるとあって、地球にも造り手にも優しいお酒。2200円

JUICE, SODA & WATER
ジュース その他

ミルクと混ぜて作る
ホットチョコレートミックス

DANDELION CHOCOLATE ファクトリー&カフェ蔵前 →P.71

シングルオリジンのカカオ豆とオーガニックのきび砂糖のみで作られたパウダータイプのチョコレートミックス。150g 1944円

TASTING

シンプルな材料で作られているのでカカオ本来のおいしさが楽しめる。スパイスを足すのもおすすめ。

静岡のご当地サイダー
富士山サイダー

ミネラル豊富な富士山麓の天然水、萬年水を使った甘さすっきりのサイダー。「木村飲料」、240ml249円

TOKYO!!! → P.47

無農薬の柚子を荒ごし
土佐山ゆずスカッシュ

高知県土佐山の無農薬柚子を皮ごと使った炭酸飲料。「夢産地とさやま開発公社」、200ml410円

TASTING

柚子のさわやかな香りが口いっぱいに広がる。ウイスキーで割ってハイボールにしてもおいしい!

TOKYO!!! → P.47

76   「TOKYO!!!」(→P.47)は、ほかでは見かけない珍しいドリンクが多く、どれも興味を引かれるものばかりでした。(千葉県・S)

名水の地の発泡水
山崎の水

古くから名水の里として知られる京都郊外の天王山麓、山崎の水を使った発泡水。「SUNTORY」、330ml324円。

TOKYO!!! → P.47

TASTING
きめ細かな泡の炭酸で爽快な口当たり。水自体は、やわらかほのかな甘さが感じられ美味。

レトロかわいいパッケージが目を引く
こけしラムネ

こけしのかわいいパッケージに引かれるフムネサイダー。「木村飲料」、250ml216円

TOKYO!!! → P.47

北海道産こだわり野菜や果物を使った
Made in ピエール・エルメのジュース

土作りからこだわる野菜＆果物を使用。リンゴ、トマト、グレープ、リンゴ＋ジンジャー、桃＋アロニアの5種類で時期により入荷は異なる。各180ml540円

Made in ピエール・エルメ → P.45

TOKYO!!! → P.47

子供や鉄道ファンにぜひ
トレインボトルウォーター

東北新幹線・秋田新幹線E6系こまちや、東北新幹線E5系はやぶさなど、電車をモチーフにしたミネラルウォーター。車両デザインはもちろん、ボトルの形まで似せている。種類によって容量は若干異なり375ml〜で各378円

TOKYO!!! → P.47

イチゴの果肉がたっぷり
いちごミルクのもと

イチゴスイーツ専門店「ICHIBIKO」の人気ドリンクメニューを自宅で楽しめるよう作られた濃縮タイプ。325g1296円

ICHIBIKO 桜新町店 → P.54

TASTING
角切りイチゴが入り、果肉感も楽しめる。4〜5倍の牛乳と混ぜるといちごミルクのできあがり。

ほんのり塩味で暑い日にぴったり
真珠しおサイダー

真珠と伊勢の海水を使った三重県のご当地サイダー。漢方にも使われる真珠は肌にいいとか。「ゑびや」、250ml249円

TOKYO!!! → P.47

1年寝かせた高知県産ショウガを使用
Made in ピエール・エルメのジンジャーエール

高知県産のショウガを使用。甘口と辛口があり、各540円。ショウガを1年寝かせることで、味が濃く風味豊かに

Made in ピエール・エルメ → P.45

はちみつ専門店のこだわりが詰まった
はちみつドリンク

写真はレモン（1600円）と柚子（1800円）で各350ml。夏は冷水や炭酸水で割って、冬はお湯割りホットで

はちみつ専門店ラベイユ 松屋銀座店 → P.108

八穀あまざけ／造り酒屋の本格仕込みあまざけ
福岡の老舗酒造が作った

創業約320年の福岡の若竹屋酒造が、手仕込みの伝統製法で造った甘酒。八穀あまざけ720ml810円。造り酒屋の本格仕込みあまざけ720ml617円

のレンMURO → 右記

TASTING
昔ながらの甘酒。とろとろで優しい甘さ。八穀あまざけは穀物の粒が残りお粥のような食感。穀物の香りが豊かでおいしい。

博多あまおうをたっぷり使った
にじいろ甘酒 博多あまおう

製造は福岡にある「浦野醤油醸造元」。160年以上続く伝統の技に、あまおうや抹茶などを合わせたフレーバー甘酒が人気。320ml756円

のレンMURO → 右記

TASTING
ひと口飲むと博多あまおうの甘酸っぱさが広がり、甘酒の香りがほんのり。スムージーのようで甘酒初心者にもおすすめ。

甘酒の魅力を神楽坂から発信
のレンMURO ノレンムロ

ノンアルコールの米麹甘酒の専門店。日本全国から素材や産地にこだわって選び抜いた90〜100種類の甘酒がズラリと並ぶ。甘酒は疲労回復、免疫力アップ、美肌などに効果大。

Map P.120-C2 神楽坂

🏠 新宿区神楽坂1-12-6
📞 03-5579-2910 ⏰ 11:00〜19:00 ⊞無休 🚇地下鉄飯田橋駅B3出口から徒歩1分
🌐 koujiamasake.jp

手みやげに喜ばれるスペシャルな定番パン3

アンパン

メロンパン

シンプルゆえに店のこだわりが如実に現れるパン。多彩な食材との組み合わせの変わり種も登場。

喜福堂のあんぱん A

もうひとつ食べたくなる！

つぶあん。代々伝わる緻密なあん作りのレシピを守り、決め手は厳選のあずきと氷砂糖を加えること。あんはなめらかでしっとり、キレのよい甘さが特長。216円

あずきの産地や生産者にこだわったあんぱんもある。左は十勝産限定のあずきで作ったこしあんぱん。右は大雪山農園の「しゅまり」という稀少品種のつぶあんぱん。各248円

こしあんも、あんこは甘めで濃厚な味わい。添加物無添加の生地は薄めであんこのおいしさを引き立てる。216円

月島久栄のメロンパン D

焼きたては格別！

店内で次々焼き上がるメロンパンは、皮のクッキー生地が厚めでザクザク。甘い香りに包まれた中の生地はしっとり口溶けがよく、普通のにおいしい。180円

メロンパンを低温熟成焼きにして作ったハイラスクも人気。皮の部分とパンの中身の2種類あり、260円～

金麦の白金あんぱん B

新感覚の白いあんぱん

ふんわり生地の中身は、粒あんとクリームチーズ、セミドライのアプリコット。「特別」なあんぱんを作りたくて試行錯誤の末、誕生。甘酸っぱさと優しい甘味、チーズのコクが絶妙にマッチ。227円

こちらは季節限定の白い抹茶あんぱん。濃厚な抹茶あんにこしあんを重ね、丹波黒豆をアクセントにした上品な味わい。248円

東京あんぱん豆一豆 エキュート東京の東京レンガぱん C

東京らしいおみやげパン

あんぱん専門店が作る東京駅の駅舎のれんがをモチーフにしたパン。赤練りあん、白あんをしのばせた特製クリームをあずき入りのしっとりとしたパンで包んである。1個287円、4個入りパック1250円

A 和菓子の風格のあんぱん
喜福堂
キフクドウ

創業は1916年。時代が変わってもブレない王道のあんこは店の誇りと心意気。クセになる甘さのあんぱんは、焼きたてが並ぶ12:00前が狙い目。

Map **P.116-B2** 巣鴨

☎ 豊島区巣鴨3-17-16 ☎03-3917-4938 ⏰10:00～18:00 休火（祝日、4の付く日は営業）地下鉄巣鴨駅A3出口から徒歩5分、JR巣鴨駅正面口から徒歩5分 URL www.kifukudo.com

B 住宅街の人気ベーカリー
金麦
キンムギ

一つひとつ心を込めてていねいに手作り。やわらかくてもちもちの白いパンを用いたあんぱんは、季節の素材を組み合わせた限定あんぱんもあり、楽しみ。

Map **P.123-B2** 白金台

☎ 港区白金台5-11-4 ☎03-5789-3148 ⏰9:00～19:00（売り切れ次第閉店）休水 地下鉄白金台駅1番出口から徒歩12分 URL kinmugi.net

C あんぱんにこだわる専門店
東京あんぱん豆一豆
エキュート東京
トウキョウアンパンマメイチズ エキュートトウキョウ

定番から変わり種まで8～10種類のあんぱんを販売。素材や製法にこだわり、進化系のあんぱんを創作。レンガぱんのほか、豆菓美やあんパンケーキも人気。

Map **P.121-A1** 丸の内

☎ 千代田区丸の内1-9-1 JR東京駅構内1階 サウスコート内 ☎03-3211-9051 ⏰8:00～22:00、日・祝～21:30 休無休 JR東京駅構内 URL chop.jr-cross.co.jp/eki/spot/detail?code=f9849

D メロンパンの名店
月島久栄
ツキシマキュウエイ

1日に何度も焼き上げるメロンパンは、生地の食感にこだわりあり。ザクザクで中はふわふわ。翌日に食べるときはオーブントースターで温めるとよい。

Map **P.119-B4** 月島

☎ 中央区月島1-21-3 ☎03-3534-0298 ⏰10:00～22:00 休無休 地下鉄月島駅7番または8番出口から徒歩4分

 「喜福堂」はふんわり優しいカスタードクリームたっぷりのクリームパンもおいしくておすすめです。（東京都・Y.S）

おいしいパンをぱくっとほおばると笑顔がこぼれ、幸せな気持ちになる。止まらないパンブームのなかで、昔からある人気パンもどんどん進化中。今注目のこだわりのパン大集合！

今カレーパンがブーム！カリッカリの食感やこだわり抜いた具材のカレーパンが続々誕生。

根強い人気パン。食感やフィリング、見た目などさまざまなタイプのメロンパンが話題を呼んでいる。

カレーパン

スペシャルな定番パン3

Melon de melonの各種メロンパン E

バリエーション豊富

クリーム入りのクラウンメロンパン。生地にもクリームにもクラウンマスクメロン果汁を使っており、芳醇なメロンの香りいっぱい。250円

いちばん人気はプレーンメロンパン（前列中央）。ふわふわのブリオッシュ生地にアーモンドパウダーを使用した香ばしいビスケット生地を合わせてある。カリッ！サクッ！の食感が特徴。210円〜

Boulangerie Shimaのチキンスパイスカレーパン G

本格スパイスカレーパン

揚げたてを食べてみてください

注文から3分で揚げたてを提供することにこだわり、生地や10種類以上のスパイスの配合など研究を重ねて完成したカレーパン。ひと口食べると複雑なスパイスの香りが広がり、チキンも食べ応えあり。冷めても脂っこくならずおいしい。324円

新宿高野本店のクリーミーメロン F

とろーりメロン風味のクリーム入り

メロンピューレを加えて焼き上げた生地の中にソフトなメロン風味のクリーム入り。メロン感たっぷりで、冷やして食べるのがおすすめ。コーヒーにも合う。292円

こちらもクリーム入りのクリーム・ド・レッド・メロン。238円

BOULANGERIE SEIJI ASAKURAのチーズカレー H

野菜とチーズたっぷりの焼きカレーパン

ブドウの天然酵母を用いたパンはもちもちで深みのある味わい。ジャガイモ、ナス、ズッキーニ、パプリカ入りのマイルドなカレーに、グリュイエールチーズを加えた焼きカレーパンは、リピート必至の看板パン。360円

新作の牛肉チーズカレーはボリューム満点。パストラミビーフと2種類のチーズ、カレーの最強トリオ！ パンの域を越えたグルメな一品。430円

E レトロかわいい小さな店
Melon de melon
メロンドゥメロン

厳選した素材を用いて店内で焼き上げたメロンパンは10種類と種類豊富。彩りよく選んでギフトボックスに入れると手みやげに。季節限定商品もある。

Map P.120-A1　千駄木
⌂ 文京区千駄木2-33-8 TKB千駄木ビル1階 ☎080-79 47-8765 ⏰10:00〜20:00 休年末年始 地下鉄千駄木駅1番出口から徒歩1分 URL www. melon-de-melon.com

F 1885年創業のフルーツ専門店
新宿高野本店
シンジュクタカノホンテン

旬のフルーツとそれを用いたオリジナル商品やケーキを販売。フルーツ専門店ならではのクリーミーメロンは、生地からメロンの香り豊か。

Map P.118-A2　新宿
⌂ 都新宿区新宿3-26-11 B2F ☎03-5368-5151 ⏰10:00〜20:00 休不定休 地下鉄新宿駅A7出口直結、JR新宿駅東口から徒歩1分 URL takano.jp/ takano

G スパイスカレーパンの先駆者
Boulangerie Shima
ブーランジュリ シマ

地元で愛される町のパン屋さん。子供から大人まで楽しめるバラエティ豊かなラインアップ。月初めの週末に限定品が登場するので、SNSで要チェック。

Map P.118-B2　三軒茶屋
⌂ 世田谷区三軒茶屋2-45-7 グリーンキャピタル三軒茶屋103 ☎03-3422-4040 ⏰9:00〜19:00 休月・火定休、木不定休 東急田園都市線三軒茶屋駅世田谷通り口から徒歩15分 URL ameblo.jp/ shimapan3cha

H 自家製酵母のもちもちパン
BOULANGERIE SEIJI ASAKURA
ブーランジェリー セイジアサクラ

3種の自家製酵母を使用し、長時間発酵で生まれる生地のうま味が人気の秘密。チーズカレーはフランスのパン技術と日本のパンをハイブリッドさせて表現。

Map P.119-B3　高輪
⌂ 港区高輪2-6-20 朝日高輪マンション1階 ☎03-3446-4619 ⏰9:00〜17:30 休（臨時休業はSNSで確認） 地下鉄高輪台駅A1出口から徒歩10分 URL www. facebook.com/ boulangerieseiji asakura

カレーパンの温め直しは、電子レンジで具を20〜30秒温めてから、トースターで数分温めるのがおすすめ。

上野エキュート店限定品

親子パンダの
ロールケーキ

C

ほんのり甘めのキャラメル生クリームを包んだロールケーキ。3頭のパンダがかわいらしい。1個450円。

ネーミングに思わず笑ってしまうバナナのクッキー。店のオリジナルキャラクターのゴリラの絵がかわいらしい。サクッと軽い口当たりで、食べるとバナナがほのかに香る。1枚230円。BANANA FACTORY（→P.107）

ほんのり優しいバナナの味

ゴリラの
おやつ

パンダが描かれたえびせんべい、uhoho

パンダの旅

A

浅草の雷門や東京タワーなど、「パンダが東京を旅する」様子を描いたえびせんべい。袋ごとにシーンが異なり、楽しみながら食べられる。2160円。

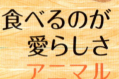

パンダの顔のプチケーキ

プティパウンド・
パンダ

C

ドライフルーツやナッツをトッピングした、しっとりプチパウンドケーキ。写真はイチゴ、オレンジ、パンダの3個入りで750円。

食べるのが
愛らしさ
アニマル

子供から大人まで
かわいいアニマルモチーフの
しっかりおいしいアイ

ネズミの形のシュークリーム

スウリー

chuu

バニラビーンズのさやを使ったこだわりのカスタードクリームが美味。シューの塩気とクリームの甘さのバランスがよく、ネズミの耳を模したアーモンドがいいアクセント。1個562円。A.Lecomte広尾本店（→P.61）

5個入り、8個入りもあるよ

バターがふんわり香るネコ型食パン

東京
ねこねこ食パン

外はサクサク、中はしっとり。フランス産発酵バターをふんだんに使ったクロワッサン生地の食パン。プレーン、チョコなど6種類あり、1個1300円〜。

B

やわらかなタッチのネコシェイラストのパッケージが印象的

ネコ好きは悶絶必至

フィナンシェ

カマンベールチーズを練り込み、レモンピールを加えて焼き上げた風味豊かなフィナンシェ。ネコの肉球形がとってもキュート。12個入り2592円。

D

 東京ねこねこ食パンのつぶあん（1560円）が美味。専用ボックスに入れてくれるので手みやげにもぴったり。（千葉県・K）

ユニコーンもあるよ

ハトとハートのビスケット

プチカドー はとハート

E

ハト&ハートをモチーフにしたミルキーな味わいのビスケットと、さわやかなレモンヨーグルト味のメレンゲが入った小さなギフト缶。880円。

断面はこんな感じ

ベリーの酸味とミルキーなバニラのバランスが◎

てんとう虫のアイスケーキ

コクシネル

幸運のシンボル、てんとう虫をかたどったアイスケーキ。アーモンド生地に、木イチゴとイチゴのシャーベット、バニラアイスを重ね、ベリーのゼリーでコーティング。12cmサイズ、4〜5人分で3888円。GLACIEL 表参道店（→P.60）

白鳥のシュークリーム

スワン

シュー生地に100%生クリームを絞った白鳥を模したシュークリーム。シューは外が少し硬めで中はしっとり。塩味が効いていて生クリームのコクと相性がいい。1個443円。ALecomte広尾本店（→P.61）

アニマルモチーフ11選

ANIMAL SWEETS

もったいない！満点のモチーフ11選

心なごませてくれる、お菓子。キュートな見た目でテムを編集部が厳選。

みんな大好き！

クマのチョコケーキ

ヌヌース・ジュニア

華やかな酸味、ナッツのような香ばしさ、まろやかでバニラの香り高さなど、味わいや風味の異なる3種類のチョコレートをバランスよくブレンドした本格的なチョコレートケーキ。540円。CRIOLLO本店（→P.57）

ひとくちサイズで見た目もキュート

フレッシュ カップケーキ

E

左から苺のショートケーキ（460円）、はりねずみバナナチョコ、バニラパンダ（各470円）。バニラパンダのバニラケーキの上は濃厚なマスカルボーネのクリーム。

A

えびせんべいの老舗

桂新堂
ケイシンドウ

幕末の1866年愛知県で創業した、えびせんべいの有名店。素材と鮮度にこだわり、今でもエビは職人が1尾ずつていねいに手焼きしている。

Map P.121-A1 丸の内

🏠千代田区丸の内1-9-1 JR東京駅構内グランスタ東京地下1階（改札内）
📞03-3216-3515
🕐8:00〜22:00、日・連休最終日の祝日〜21:00 ⊘無休
🚉JR東京駅直結 🛒都内ほか12店舗あり
URLkeishindo-shop.com

B

ネコの形のベーカリー&スイーツ

東京ねこねこ エキュート京葉ストリート店
トウキョウネコネコ エキュートケイヨウストリートテン

ネコをモチーフにしたパンや焼き菓子などを販売。見た目のかわいさだけでなく、味に定評があり、ギフトとしても人気がある。

Map P.121-A1 丸の内

🏠千代田区丸の内1-9-1 JR東京駅構内1階8重洲南口改札内
📞03-3217-5557
🕐8:00〜21:30、土・日・祝〜21:00 ⊘無休
🚉JR東京駅直結 🛒都内ほか9店舗あり
URLnekoshoku.allhearts.company

C

ライフスタイルショップ"KEYUCA"が運営

DOLCE FELICE エキュート上野店
ドルチェフェリーチェ エキュートウエノテン

インテリア雑貨などを販売する「KEYUCA」がプロデュースするスイーツ専門店。店内キッチンで手作りしてできたてのエクレアも人気。

Map P.120-B2 上野

🏠台東区上野7-1-1 JR上野駅構内3F
📞03-5826-5640
🕐8:00〜22:00、土・日〜21:00
⊘無休
🚉JR上野駅直結 🛒都内ほか9店舗あり
URLwww.keyuca.com/sweets

D

チーズとフルーツで作るスイーツ

neko chef
ネコ シェフ

「チーズ×果実」をコンセプトにしたスイーツの店。肉球形のフィナンシェのほか、ネコシェフバーガーやクッキーも人気。

Map P.121-A2 丸の内

🏠千代田区丸の内1-9-1 JR東京駅八重洲北口東京ギフトパレット1階
📞03-6256-0823
🕐9:30〜20:30、土・日・祝9:00〜
🚉JR東京駅直結
URLnekochef.jp

E

カップケーキ&ビスケット専門店

Fairycake Fair
フェアリーケイクフェア

菓子研究家のいがらし ろみ氏がプロデュース。商品はすべて店内の工房で手作りしており、できたてが味わえるのも魅力。

Map P.121-A1 丸の内

🏠千代田区丸の内1-9-1 JR東京駅構内グランスタ東京地下1階（改札内）
📞03-3211-0055
🕐8:00〜22:00、日・連休最終日の祝日〜21:00 ⊘無休
🚉JR東京駅直結
URLfairycake.jp

「Fairycake Fair」では動物をモチーフにしたベイクドカップケーキも販売。ベイクドZOO（5個入り1600円）。

福を呼び込む縁起モチーフの
ハッピーアイテム

さまざまなお祝いなどに用いられてきた縁起物。かしこまったギフトにも、ちょっとしたプレゼントにも、
御利益がありそうなラッキーモチーフのアイテムを贈ろう！

ヒトツブ カンロの
縁起缶キャンディ

ヒトツブ カンロ → P.73

中身のキャンディも紅白にこだわった縁起のいい缶入りキャンディ。フレーバーは、アップル＆ヨーグルト味で、思いのこもったギフトを気軽に渡せると、大人気。各400円。

鯛は「めでたい」の語呂や七福神が持つ魚であることから福の象徴、犬は家内安全、鶴は長寿や相思相愛のシンボルとされてきた。

> ミニサイズの
> キャンディが
> GOOD

> ピンクと白の
> 色合いも
> かわいらしい

金魚は、昔から金運アップのシンボルとして親しまれてきた。

和菓子 結の
めでたづくし

和菓子 結 → P.53

金魚と四季の風物詩を模した和三盆の干菓子。金魚のウロコまで精巧に表現された、和菓子の匠の技が光る一品。1箱2160円。

> ほかにもあるよ

縁起缶は全部で6種類。ほかに不老長寿の亀、商売繁盛の招き猫、大願成就のだるまがある。

> 黒字の願いを
> 込めた黒糖入りの
> こしあん

御菓子司 新正堂の
景気上昇最中

けいきじょうしょうもなか

景気が上昇するよう、小判型の皮であんを挟んだもなか。贈答用の箱には贈る相手の景気上昇を願い、右肩上がりに千社札シールが貼られるのも粋。1個190円、12個入り2550円。

創業109年、新橋の和菓子店
御菓子司 新正堂
オカシドコロ シンショウドウ

新橋で創業し109年目を迎える老舗和菓子店。クリームをサンドした「出世の石段」もおすすめ。

Map **P.119-B3** 新橋

🏠 港区新橋4-27-2 ☎03-3431-2512 🕘9:00～19:00、土～17:00 休日・祝、12/31～1/3 🚉JR新橋駅烏森出口から徒歩6分 🛒www.shinshodoh.co.jp

小判は江戸時代まで使われていた貨幣。金運上昇の縁起物。

✉ 「御菓子司 新正堂」の景気上昇最中は黒糖の風味がたまらない。出世の石段が入った開運セットもおすすめです。（匿名希望）

銀座 菊廼舎の
冨貴寄ことほぐ
ふきよせ

和風クッキー、金平糖、和三盆糖など約30種類の干菓子が華やか。人生の節目や努力の成果の喜びを形にしたそう。2484円。

商標登録「冨貴寄」が看板商品
銀座 菊廼舎 銀座本店
ギンザ キクノヤ
ギンザホンテン

1890年創業の和菓子店。華やかな干菓子の詰め合わせ、冨貴寄は世代を超えて愛される名品。

Map P.121-C2 銀座

🏠中央区銀座5-9-17銀座あづまビル1F ☎03-3571-4095 🕘9:30～18:00、土・日・祝～17:30 🈶不定休 🚇地下鉄銀座駅A3口から徒歩2分 🏪都内にほか2店舗あり URL www.ginza-kikunoya.co.jp 🛒

"ことほぐ"はお祝いを述べるという意味

福

長寿の松、生命力や成長を表す竹、気高さや長寿の梅はおめでたいものとして慶事に用いられてきた。赤富士は開運の象徴、鯛は邪気を払う紅白として縁起のよい魚として知られている。

ハッピーアイテム

福

ふくろうはその名前から招福、苦労知らずなど開運のシンボル。首がよく回ることから金運アップの縁起物としても有名。

巴裡 小川軒の
ふくろうキャラメルサブレ

巴裡 小川軒 → P.69

ココナッツミルクパウダーを練り込んだ優しい甘さのサブレに特製キャラメルクリームをサンド。1個206円、5個入り1080円。

見た目もとってもかわいい！

廣尾瓢月堂の
六瓢息災
むびょうそくさい

特製の蜜に1年以上漬け込んだショウガとクルミなどのナッツを、さっくり焼き上げたタルト生地でサンド。3種類20個入り3402円。

大切な人に贈りたい創作菓子
廣尾瓢月堂
ヒロオヒョウゲツドウ

特別なギフトを買うならここ、という人も多く、ていねいに作られた商品は評価が高い。

Map P.123-B1 中目黒

🏠目黒区上目黒1-19-5 ☎03-6303-2731 🕘10:00～19:00 🈶1/1～1/3 🚇地下鉄中目黒駅正面改札から徒歩2分 URL www.hiroo-hyogetsudo.com 🛒

福

末広がりの形をしたひょうたんは古来より縁起物として用いられてきた。6つのひょうたん「六瓢」は語呂合わせから、無病息災のお守りになるといわれている。

プレーン、ショコラ、無花果の3種類

御菓子司 白樺の
たらふくもなか

手招きネコをかたどった皮の中には、北海道十勝産白小豆のつぶあんがたっぷり。豆の味が濃く、上品な甘さで絶品。6個入り1350円。

錦糸町の有名和菓子店
御菓子司 白樺
オンカシツカサ シラカバ

たらふくもなかのほか、錦糸町名物のどら焼きも有名。夕方には売り切れることも多い人気店。

手作業であんを詰めてます

代表取締役の
根本幸治さん

福

招き猫は、福を引き寄せる縁起物、商売繁盛の縁起物とされている。

白あんがほんのり黄金色♡

Map P.119-A4 錦糸町

🏠墨田区江東橋2-8-11 ☎03-3631-6255 🕘8:00～18:00 🈶月定休、火不定休、年末年始 🚇JR錦糸町駅南口から徒歩8分 【テルミナ】墨田区江東橋3-14-5錦糸町ステーションビルテルミナ地下1階 URL shirakaba.site 🛒

ギフト選びに訪れたい 人気セレクトショップ

食と暮らしの上質なアイテムを揃える「AKO
ふたつの人気ショップでおすすめの10品を

3888円

アコメヤの
出汁味噌汁＆出汁
各5種セットBOX入り ①

713円

だしが効いた
フリーズドライの
みそ汁

アコメヤの
出汁味噌汁
3種セットBOX入り ④

951円

[素のもの、そのまま]
炊き込みごはんの素
鯛めし ②

1512円

ご飯にのせる
魯肉飯 ③

榮太樓×
AKOMEYA TOKYO
ひとくち煉羊羹 5本入 ⑤

1080円

648円

濃厚バター
チキンカレー ⑦

ごま和え胡麻
（無添加）180g ⑥

1404円

紀州南高梅
あごだし梅
AKOMEYA TOKYO ⑧

648円

648円

桜えびおこげ
煎餅袋 ⑨

2765円

アコメヤの
出汁5種セット
謹製箱付き

そのまま飲んで
もおいしい自慢
のだし

お米をメインに食品・雑貨を販売

AKOMEYA TOKYO in la kagū

アコメヤ トウキョウ イン ラカグ

お米を中心とした食品・雑貨を扱うライフス
タイルショップ。ご飯のお供や調味料などの
食品の品揃えは特によく、オリジナル商品や
全国からえりすぐった厳選アイテムを販売。

Map P.120-C1 神楽坂

新宿区矢来町67 （店舗）03-
5946-8241 03-
5946-8243（食事） 11:00
～20:00 無休 地下鉄
神楽坂駅2番出口すぐ
都内にほか6店舗あり
URL www.akomeya.jp

1.特製だしみそ汁＆だし全5種類入り 2.愛媛県のブランド魚、ゆら鯛を使用。完全無添加
3.秋田県産の比内地鶏を使ったヒット商品 4.焼きあご、かつお、野菜だしベースの3種類
5.日本橋の老舗和菓子店「榮太樓」とコラボ 6.ゆで野菜のごまあえにもおすすめ 7.押上の
人気カレー店「SPiCE Cafe」と共同開発 8.鹿児島県産あごだしで漬けた完熟南高梅 9.エ
ビのうまみを閉じ込めた手作りせんべい 10.国産良質素材にこだわった和・洋に使えるだし

「AKOMEYA TOKYO in la kagū」は広々として商品も豊富。オリジナルのだしがおいしくて、遠方に住む家族におすそわけしました。（東京都・米）

のおすすめフード10品

「MEYA TOKYO」と「TODAY'S SPECIAL」。
教えてもらいました。

小腹がすいたときにぴったり！

オリジナルドライフルーツ各種 ①

540円　486円　540円　540円　540円　486円

CACAO BANANA MIX　DRIED FRUIT　SOFT MANGO　FIG & DATES　TRAIL MIX　BANANA CHIP

AMBESSA&CO の チャイマサラ・ブレンド／ローズティー ②
各540円

オリジナルクッキー各種 ③
702円

静岡のコーヒー店が作るロングセラー

COOKIE FRAMBOISE　COOKIE VANILLA
627円

珈琲羊羹　1350円

IFNi ROASTING&CO. の珈琲羊羹 ★

人気セレクトショップ

neruの吉野本葛 ⑥

鎌倉 LESANGES の プティ・フール・サレ ⑤

吉野本葛　1026円

サクほろ食感で美味。ワインにも合う

1944円

TODAY'S SPECIAL × EVIAN COFFEE SHOP オリジナルブレンドコーヒー ⑦
COFFEE　1080円

伊良コーラ ⑧
1200円

「食と暮らしのDIY」がテーマ

TODAY'S SPECIAL Jiyugaoka
トゥデイズ スペシャル ジユウガオカ

食品からキッチン用品、インテリア雑貨など日常に寄り添うラインアップ。質のいいもの、ありそうでなかった日用品などを揃え、暮らしを楽しくするきっかけを数多く提案。

Map P.122-C1　自由が丘
🏠 目黒区自由が丘2-17-8 1F/2F　☎03-5729-7131
🕚 11:00〜20:00　㊡不定休
🚃 東急東横線・大井町線自由が丘駅正面口から徒歩4分
🏠 都内にほか3店舗あり
🔗 www.todaysspecial.jp 🛒

やまくにのパリパリ焙煎いりこ プレーン／ぶどう山椒／本鷹一味 ⑨

各594円

築地江戸一のあさり／たらこ昆布煮 ⑩

各345円

1.イチジク＆デーツ、ソフトマンゴーなど5種類　2.右はダマスクローズの花つぼみだけを使うローズティー　3.左はフランボワーズ、右はバニラ　4.けずったコーヒー豆が入り、独特の食感　5.チーズやハーブを使った塩味サブレ　6.なめらかな食感の上質葛粉。レシピ付き　7.芦屋のコーヒー店とコラボ。マイルドな味わい　8.体に優しく、料理にも使える　9.大人のおつまみに。ワインと一緒にぜひ　10.ご飯のお供に最高。茶碗や箸とセットでギフトに

「TODAY'S SPECIAL」は、カジュアルに贈れるプチギフトから、かしこまったギフトまで幅広く対応。ギフトに添えるカードも販売。

CAVIAROLI **C**

粒状エクストラバージン オリーブオイル

キャビアのような粒の中にエクストラバージンオイルを閉じ込めたスペイン発の食材、キャビアロリ。プチッと口の中で弾ける食感が楽しい。50g 2490円

【食べ方＆アレンジ】
カルパッチョやカプレーゼなどの冷菜サラダに。パスタのトッピングにもおすすめ

おつなのツナは12種類

おつなの小山奈々子さん

with rice

おうち時間 ご飯のお供

甘い物が苦手な人や健康志向の家で楽しめるご飯のお供や調味料。ヘルシーなアイ

えごま味噌

ツナ各種 **A**

実山椒

素材から製法までこだわった今までにない新しい味わいのマグロのオイル漬け。ふわふわでうま味たっぷりの身とサラッと優しいオイルが絶品。下各80g 1436円。和柄の箱入りでギフトに最適

【食べ方＆アレンジ】
ご飯にのせて、にごり酒のおつまみにもGood

【食べ方＆アレンジ】
冷奴にのせて。醤油＆ごま油少量とともに卵かけご飯にのせても美味

ドライトマト＆バジル

【食べ方＆アレンジ】
バゲットにのせて。餃子の皮にのせて食べるのもおすすめ

Made in ピエール・エルメ× GOOD MORNING FARM **D**

ピクルス

新鮮野菜を使った無添加ピクルスが自慢の愛媛県にある「GOOD MORNING FARM」とコラボ。旬の野菜やキノコを彩りよく瓶詰めにしたピクルスは220g 1458円～

Made in ピエール・エルメ× 石孫本店 **D**

百寿

江戸時代から続く味噌＆醤油醸造の老舗「石孫本店」(秋田県)が作る濃口醤油。どんな食材にも合う万能醤油で100ml 432円

【食べ方＆アレンジ】
サラダのトッピング、サンドイッチ、オムレツやパスタに

Made in ピエール・エルメ× 黒潮町缶詰製作所 **D**

缶詰

高知県黒潮町にある缶詰工場とのコラボ商品。小麦、卵、乳製品、そば、落花生、えび、かにの7大アレルゲン不使用。土佐はちきん地鶏（バルサミコ仕立て）、黒潮オイルのごろっとカツオ、土佐はちきん地鶏（ゆず塩仕立て）、カツオ deオリーブの4種。地鶏は各702円、カツオは各540円

【食べ方＆アレンジ】
そのままご飯と一緒に。焼き肉や餃子のたれに混ぜたり、野菜にそのままつけてもおいしい

桷志田 **B**

食べる黒酢

黒酢レストランでフライにつけるソースとして賄い料理で出されたことから商品化。定番の、ちょい辛と山椒が効いた、激辛の2種。添加物、着色料、保存料不使用。各180g 594円

Made in ピエール・エルメ× 農家食品 **D**

たまご農家のこだわりマヨネーズ

植物性飼料で育てた愛知県のたまご農家自慢の米たまごとオリーブオイルで作る無添加マヨネーズ。170g 1026円

梶田商店 **B**

巽 紫（たつみむらさき）

大洲産の古代麦ダイシモチを使用した珍しい天然醸造の濃口醤油。グルテンが小麦よりも少なく、高タンパク＆高ミネラル。さっぱりとした味わい。300ml 1188円

「おつな」のツナは、ツナだけでなくオイルまでおいしく、料理にも使えて万能でした。自分でも買ってみたい！（宮崎県・もも）

を充実させる
&調味料

人への手みやげにおすすめなのが、ちょっと珍しい上質なもの、テムをセレクト。

石井味噌 B
三年味噌バーニャカウダ

アンチョビとニンニクをベースに、信州三年味噌と和風調味料を加えた和風バーニャカウダ。160g 918円

食べ方&アレンジ
ゆで野菜にディップしていただく定番の食べ方のほか、ズッキーニやキャベツなどたっぷり野菜を加えたニョッキやパスタに絡めて簡単和風イタリアンに。ピザやトースト、グラタンなどとも相性がいい

85[ハチゴウ] B
85のピクルス

旬の野菜を使った彩り鮮やかなピクルス。季節によって中身が変わるが、野菜本来の味を楽しめる仕上がりに。写真は左が紫キャベツとローリエ、右は枝豆。各140g 864円

手のひらサイズだよ

La Castrileña C
エキストラバージン・オリーブオイル エコロジコ

スペイン生まれのオーガニックオリーブを使用したエキストラオリーブオイル。化学的製法ではなく伝統的な常温圧搾製法で作られ、フルーティな味わい。50ml 580円

ヤマヤ醤油 B
浜納豆

大豆一粒一粒に麹菌をつけ、約15ヵ月熟成させたのち天日干しするという、100年以上前からの製法で作られた伝統発酵食品。北海道産大豆100%使用。味噌のような味わいだが、味噌よりコクが深く、さまざまな料理に使える。86g 626円

食べ方&アレンジ
クリームチーズと合わせると絶品。酒のおつまみに

食べ方&アレンジ
パスタソースにして食べてもおいしい

Made in ピエール・エルメ×グラッツェミーレ D
サラダドレッシング

無農薬野菜とわずかなオイルで手作りされる"野菜で野菜を食べる"ドレッシング。ジンジャー、トマト、キャロットの3種類。各200ml 648円

Made in ピエール・エルメ×能登製塩 D
海水塩

奥能登のきれいな海水のみを使った、ミネラル豊富な海水塩。低温で4昼夜かけて結晶化するため、ほんのり甘くまろやかな味わい。40g 540円

Rain Bowl E
オリジナルドレッシング3種

左は2時間じっくり焼き上げたとろとろのタマネギを使い、タマネギの甘さとうま味が詰まったロースト玉ねぎ。中央はタマネギとニンジンをすりおろした優しい味わいのたまねぎにんじん。右は醤油ベースに刻んだ大葉とアクセントにセロリが入った大葉。すべて化学調味料・着色料不使用。各650円

食べ方&アレンジ
サラダだけでなく、焼き野菜、肉・魚料理と合わせてもおいしい

A
うま味たっぷり高級ツナ専門店
おつな

池尻大橋

小料理屋を営んでいた店主がオープン。静岡県で水揚げされたビンチョウマグロを使ったオイル漬けはご飯のお供にも酒のつまみにもなる。

Map **P.118-B2**

世田谷区池尻3-5-22
☎03-6426-8178 ◯11:00〜16:00、土〜15:00 ◯金・土が祝日の場合は営業 ◯日〜木 ◯東急田園都市線池尻大橋駅西口から徒歩5分 URL otuna.shop

B
発酵がキーワードのライフスタイルショップ
85 ハチゴウ

日本橋

発酵をキーワードに、健康や環境に配慮した衣食住を提案するセレクトショップ。食品、コスメ、雑貨など多彩な商品展開。

Map **P.119-A3**

中央区日本橋室町3-2-1 COREDO室町テラス1階 ☎03-6452-3385 ◯10:00〜21:00 ◯施設に準ずる ◯地下鉄三越前駅A8出口直結、JR新日本橋駅直結

二子玉川ライズ店：世田谷区玉川1-14-1二子玉川ライズS.C.テラスマーケット2階 URL 85life.jp

C Mallorca →P.26
D Made in ピエール・エルメ →P.45
E Rain Bowl →P.61

ご飯のお供や調味料を渡すときは、おすすめの食べ方やアレンジ方法なども伝えるとGOOD！

クマゴロンドーナツ
穴からのぞくクマゴロンがキュートなドーナツ。塩生キャラメルの風味が◎

1080円

KUMAGORON

おいしくてかわいい！

サクッと軽い口溶け

北海道ミルククッキー 札幌農學校
たっぷりのミルクと、道産の小麦、バターを贅沢に使用した、濃厚ながらもさわやかな味わいのクッキー

650円

各196円

マロンコロン
三層のサブレーの外側をチョコレートでコーティングしたサクサクの焼き菓子

乳製品99.7%のソフトクリームは必食！

北海道の美食が1200アイテム以上揃う
北海道どさんこプラザ
定番商品はもちろん、道外で販売して1年以内の商品を集めた「ルーキーズ」コーナーや、ミルク感たっぷりのソフトクリームも要チェック。

Map P.121-B2 有楽町
🏠千代田区有楽町2-10-1
東京交通会館1F
☎03-5224-3800
🕐10:00～20:00 休年末年始 🚉JR有楽町駅京橋口から徒歩2分

日本各地の名産品が集合

おすすめ
東京交通会館のアンテナショップ

1620円

地獄蒸しコーヒー5包入り
別府温泉の蒸気熱で生豆を蒸し、直火焙煎したスペシャルティコーヒーは香り高い

店内で蒸し上げます

500円

かぼすソフトクリーム
全国一のかぼす生産量を誇る大分ならではのさわやかなソフトクリーム

有楽町の日本交通会館に入店する16のご当地アンテナショップの中で、いち押しの手みやげ&グルメをご紹介。

地酒各種
ヨーグルト酒（上）は女性に人気。蔵元直送の「福寿」の生原酒（下）は量り売りで販売

地酒は約300種類！

産地から野菜を直送！

47都道府県の特産品がズラリ
むらからまちから館
農産物に水産加工品、お菓子から調味料、地酒にいたるまで、東京では手に入りにくい全国の特産品が一堂に会する物産館。

Map P.121-B2 有楽町
🏠千代田区有楽町2-10-1東京交通会館1F
☎03-5208-1521 🕐10:45～19:00、日・祝～18:45 休年末年始 🚉JR有楽町駅京橋口から徒歩2分

ドライフルーツ各種
マスカットやすももなどのドライフルーツは手みやげにぴったり

無料の足湯でほっこり

大分県の魅力を再発見
おおいたアンテナショップ温泉座
かぼすソフトを食べながら足湯につかれば気分は別府温泉。豊後銘菓やせうまも販売。

Map P.121-B2 有楽町
🏠千代田区有楽町2-10-1東京交通会館B1
☎080-2777-6339
🕐9:00～20:00 休無休 🚉JR有楽町駅京橋口から徒歩2分

地獄蒸し卵 1個176円
空輸された別府温泉の湯で4時間以上蒸し上げ、滋養たっぷり

プチギフトにも！

文具にフラワーにコスメ…etc.
arucoのセンスで選ぶ
グッズ手みやげ

気心が知れた友人や家族にはグルメ以外の手みやげはいかが？
ちょっとした贈り物にも使えるアイテムを厳選。
相手の好みをよく知る仲だからこそ選べるぴったりのギフトがきっと見つかるはず！

GEKKOSO

GEKKO

GEKKOSO

おけいこバッグは
ほか2色あり

色合いがよく上品なアイテムが多い。写真右下はおけいこバッグ（3135円〜）。左下はそのおけいこバッグをかたどったコンパクトミラー1100円

個性がキラリ☆

使いたくなる！ ワクワク楽しい文房具

イラストレーターのますこえりさんが手がける同店オリジナル商品は要チェック。上はマスコテープ（506円〜）、右下はダイカットカードメモ（各550円）

THANK YOU THANK YOU THANK YOU THANK YOU

NOBLE MEMO PLAIN

LIFE NOBLE NOTE SECTION

LIFE NOBLE NOTE RULED

折るとイラストが起き上がるよ

Map P.120-A1 千駄木

東京メイドの優秀文具がズラリ

GOAT
ゴート

東京のモノづくりに愛着をもつ店主の文房具愛あふれる店。使い心地、デザイン、値ごろ感など、店主が納得のいく商品がセンスよくセレクトされている。

文京区千駄木2-39-5-102　非公開
木・金13:00〜19:00、土・日12:00〜18:00　月〜水、不定休　地下鉄千駄木駅1番出口から徒歩3分
goat-shop.com

消しゴムハンコのキュートな和紙しおり各275円

愛用者の多い「LIFE」のノートは品揃えがいい。B6サイズで各770円

カラビナとペンが一体型になったボールペン各165円

卓上用のゴミを掃き取るミニクリーナー616円

レトロな二角形ハサミ1320円。デッドストック品

イラストレーターますこえりさんによる道具箱2200円

「月光荘画材店」の絵の具は発色がすごくきれい。絵を描くのが好きな姪っ子に画材セットを贈ろうと計画中。（東京都・すず）

先代の月光荘主人が付けていた金のボタンを復刻。176円〜

左はねり消しゴム143円、右はプラスチック消しゴム121円

かわいらしい絵に短い詩をのせたオリジナルのポストカード各165円。70種類以上ある人気商品

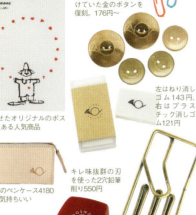

キレ味抜群の刃を使った2穴鉛筆削り550円

使うほどに味が出る牛ヌメ革のペンケース4180円。つるつるとした手触りで気持ちいい

なめらかな書き心地の8B鉛筆（275円）と革キャップ（605円）

大きめサイズの右手クリップ550円

日本初の純国産絵の具を開発

月光荘画材店
ゲッコウソウガザイテン

1917年創業、日本初の純国産絵の具を作った画材店。取り扱う商品はすべて店オリジナルで、画材は豊富に揃うほか、シンボルのホルンマークがかわいい文房具や遊び心たっぷりのカードもある。

Map P.121-C1 銀座

⌂中央区銀座8-7-2永寿ビル1F・B1 ☎03-3572-5605 ⏰11:00〜19:00 休年末年始 地下鉄銀座駅A2出口から徒歩7分 URL gekkoso.jp

絵の具や筆など画材道具が入るバッグもあり、一式をギフトにするのもいい

ワクワク楽しい文房具

ちびショルダー3905円

機能性・デザイン性が高い最新アイテムはもちろん、クラシカルなたたずまいの味わい深い品々やキッチュで心なごむものまで、持っているだけでワクワクする文房具が東京にはたくさん。個性豊かな文房具を手みやげにいかが？

取り扱う商品はなんと約1万5000点。紙小物などこまごました商品が多く、宝探し気分で買い物ができるのも楽しい

1980年代日本製のペン軸各2750円

実用性ある商品揃えてます！

希少なビンテージ文具がたくさん

THINGS'N'THANKS
シングス・アンド・サンクス

アメリカを中心に世界の"古く味わいのある文房具"を販売。一点物やビンテージアイテムが多く、遠方からわざわざ買いに来る人もいる。

Map P.117-C2 押上

⌂墨田区業平1-21-10 コーポ日井101号室 ☎080-9216-4611 ⏰12:00〜23:00 休月・火 地下鉄押上駅A2出口から徒歩2分 URL www.things-and-thanks.com

1970年代、米国で作られた企業広告用ペン。替え芯付きで各770円

食品のラベル。1970年代アメリカ製が多い。各330円

ポップコーンやピーナッツの紙袋275円〜。アメリカ製

アメリカ製の消しゴム。左は880円、右は440円

小さな引き出しの中に商品がたくさん！

『THINGS'N'THANKS』は店内に文具バーを併設。インク沼クリソー（770円）や万年筆クッキーなど文具にちなんだメニューが楽しい。

D 各220円

1980年代、アメリカ製の消しゴム。レトロなタッチの車がかわいい。5種類の絵柄があり、デッドストック品

手作業で製本

C 550円〜

高品質ノートで知られる「LIFE」の新作「KLESHA」。ページの開きがよい糸綴じ分け折り製本

はさみに変身！

C 462円

てんとう虫のキーホルダー型ミニはさみ。裏側のスライダーを押し上げると刃が出てはさみになる

A 1650円

上質な香材に季節で異なる和ハーブをプラスした香りを届けるレターセット、文香"想想（そうそう）"。12種類入り

KIMOCHI KIPPU
Ticket for Message
きもちきっぷ
ご利用当日1回限り有効
下車前途無効　Kunpel 発行 小

E 550円

切符型のメッセージカード。小さな穴が開いているのでひもを通してプレゼントに添えられる

パステルカラーがかわいい、吹くとピーッと音が鳴るリコーダーペン。8色展開

E 各165円

イラストレーターのますこえりさんが手がけたマスコハンコ。幅広いシーンで使えそう

C 990円〜

思わずクスッと笑ってしまうメッセージ＆ゆるいイラストが心くすぐる紙のおすそわけ袋

E 各385円

LIKE IT!　推し文房具

文房具好きのあの人へ、ちょっとしたプレゼントに手みやげを渡すときに添えるメッセージカー

ふくろ　おすそわけ

ふくろ

ふくろ　デリシャス　APPLE

押すとこんな感じ

伊勢海老や"ありがとう"のメッセージがインパクト大の阿波和紙＆越前和紙のミニカド

E 各253円

おめでとう

ありがとう

A kiki SHOP →P.64

B 月光荘画材店 →P.91

C GOAT →P.90

D THINGS 'N' THANKS →P.91

E TOKYO!!! →P.47

「TOKYO!!!」で見つけた紙のおすそわけ袋。焼き菓子や飴などを少しずつ詰めて友人に渡したら、笑って喜んでくれた。（東京都・T）

白く使えて印象に残る♪ 見た目を再現した文具小物

みかん箱風メッセージカード・ぽち袋

オムライスやカレーライスなどの料理写真が印刷されたレトロタッチなミニメモ
E 各132円

みかん箱風
メッセージカード

りんごもあるよ

E 550円
みかんのダンボール箱をイメージしたメッセージカード。中のみかんカードにメッセージが書ける

替え芯だよ

「北星鉛筆」の大人の鉛筆。シャープペン構造の鉛筆で、芯を削りながら使う。削り器付き
C 各748円

推し文房具と紙小物

アメリカ「Autopoint」社の双頭シャープペン。繰り出し式で1980年代のもの。替芯は赤・青の2色あり各440円
D 1430円

大ヒットしたカジュアル万年筆、プラチナ preppy（プレピー）。特殊構造でインクが乾燥せず書き心地も抜群！
C 各440円〜

と紙小物

ぴったりのステーショナリーアイテムをピックアップ。ドとしても使える紙小物もチェックしてね。

デッサンに最適な紙の片面にピンク、黄、緑、青色をのせたイロブック。包装紙にも使える
B 各330円

GEKKOSO

THINGS 'N' THANKS

D 770円
1920年代のアメリカ製ブックマーク。付箋代わりに本につけて使う。5個セット

2サイズあり

どうぶつのりのフエキくんでおなじみ、液状のりのフエキくんグルー。握りやすい形状
C 253円

C 各275円
消しゴムハンコ作家のkanaexpressさんによるお手製ポストカード。絶妙な色使いがすてき

10種類の柄が10枚ずつ入った100枚メモ。ギフトに添えるメッセージカードにしても◎
C 605円

ミュージアムショップで手に入れたいアートなグッズたち

展示作品をデザインしたオリジナル商品やアーティストとコラボしたグッズなどが並ぶミュージアムショップ。ここでしか買えない物や最先端のおしゃれグッズなど、見て回るだけでも楽しい！ それぞれに秘められたストーリーとともに贈りたい。

シームレス
カードケースと
オーロラ
キーホルダー

グッズそのものがアート作品

NADiff contemporary
ナディッフ コンテンラリィ

五月女哲平氏のアートワークと角田陽太氏のプロダクトデザインによるコラボレーションで作られたオリジナルマグ。ホワイトとネイビーの2色があり、各2750円

土に還る素材で作られた「kna plus（クナプラス）」のエコバッグ3300円〜

PICK UP

清澄白河にアトリエがある革ブランド「iro se（イロセ）」の商品。1枚の革を折り込んで組み立てているのが特徴。左のキーホルダー（5500円）は4〜6本の鍵が収納可。薄くて軽いカードケースは4400円。写真のネオンイエローはナディフ限定色

職人が版画技法で1色ずつ印刷する「鱗片堂（りんぺんどう）」のシール。中央はイラストレーターancco、右上はコインランドリーマニアQALYNの絵柄。大770円〜

スタッフおすすめ

中央の長方形を絵画のキャンバスに、絵画のキャプションに見立てて右下に美術館ロゴのタグをあしらったTシャツ3850円。実際のキャンバスと同サイズなのがこだわり。4色展開

「HELLOAYACHAN（ハローアヤチャン）」のプラスチックを使った手作りピアス。カラフルで個性的な一点物。3850円〜

人気商品

アクリル工場で出てしまう端材を使ったアップサイクルのキーホルダー各880円とマグネット各660円。生産する物によって入荷する色が異なり、どんな色に出合うかは入館時のお楽しみ

「リカシツ」の試験管を使った植物標本、ドライチューブはインテリアにぴったり。各1375円

研究室で使う理化学製品とガラス職人が加工したオリジナルなモノを販売する「リカシツ」の人気商品。取っ手付きのビーカーはビールジョッキに。1254円〜

現代美術のコレクション約5500点を収蔵する規模の大きな美術館。1階にある「NADiff contemporary」は、スペーシャスな空間にユニークな商品をゆったりと配置。「現代アートを持ち帰ることができるショップ」とうたっているだけあって、気鋭のデザイングッズが勢揃い。子供も大人も楽しめる絵本のセレクションにも注目したい。

Map P.119-A4 清澄白河

☎03-5875-9959 住江東区三好4-1-1 東京都現代美術館1F
⏰10:00〜18:00 休月、年末年始、展示準備期間 料無料
🚇地下鉄清澄白河駅B2出口から徒歩9分
URL www.nadiff.com/?page_id=180

東京都現代美術館の2階にある「二階のサンドイッチ」というカフェも、おしゃれ♪（神奈川県・Saki）

わくわくするセレクション

SFT

国立新美術館

スーベニア
フロムトーキョー

スタッフ
おすすめ

「studio trico」のユニークなブローチ。エナメル
の艶と真鍮の優しい感じが味わいに。すてきな箱
入りでギフトにおすすめ。左：絵の具（各6380円）
中：考える人、ヴィーナス、小便小僧（6050円〜）
右：ハチドリ（各7920円）とザクロ（7150円）

ウサギ、水鳥、
クジラetc.

古い時代から折られていたという
伝承折紙にポップな絵を付けて、
子供も大人も楽しめる折紙に。完
成したものはインテリアとして
飾ってもよさそう。12種類2枚ず
つ封入。各715円

素朴で
かわいい民芸品

飛騨高山にある「真工藝」の手染めの
木版ぬいぐるみ。右は犬、左のふたつ
は福を招くという陣屋看板猫。1210円〜

ミュージアムショップのアートなグッズ

KNOT bagと
みかん網の
手提げ

PICK UP

南伊豆で活動するデザインユ
ニット「TARASUKIN BONKERS
（タラスキン ボンカース）」の愛ら
しいバッグ。左のKNOT bag
（8250円）は農業用の網で作っ
たバッグに漁港で用いられる
ロープの結び方で取っ手を編
みつけている。右ふたつ（各
2750円）も同様の網素材。お
散歩や近所の買い物に便利

一見アルミ製に見えるが、銀で装飾を施した銀彩
のマグカップ各4510円。形もデザインもすてきで、
使ううちに味わいが増す。冷酒もおいしく飲めそう

拾い集めた段ボールを加工して財布
（左、1万6500円）やキーケース（右、
5500円）など価値のあるものに再生
するブランド「Carton」。水にも強い

ひがしちか氏が主宰する日傘ブランド
「coci la elle（コシラエル）」
のハンカチ各2420円。大判なの
でスカーフとしても使える

人気
商品

佐藤可士和氏デザインの美術館ロゴをあ
しらったスケッチブック1430円。ロゴ
入りのオリジナル商品はカードケースや
エコバッグ、ファイルなど種類豊富

国立新美術館はコレクションをもたず、国内最大級の展示
スペースを生かした多彩な展覧会や交流の場を提供する
新しいタイプの美術館。ショップはセレクションが独特で
遊び心満載。世界中の物が混然と集まる東京という街の
視点で選んだグッズは、クリエイターの作品から伝統的
な手工芸品までさまざま。カオスな魅力を楽しんで。

Map P.119-B3 六本木

🏠 港区六本木7-22-2　国立新美術館1F、B1F
☎03-6812-9933　🕙10:00〜18:00、金・土・
20:00　休火（祝日の場合は開館、翌平日休み）、年
末年始　料無料　交地下鉄乃木坂駅6番出口直
結、地下鉄六本木駅3番出口または4a出口から徒歩
5分　URLsouvenirfromtokyo.jp　🛒

「SFT」は時期によって店内のギャラリーで企画展も催され、そちらでも作品の販売あり。

東京国立博物館

希少な書籍も要チェック

Museum shop
ミュージアムショップ

精緻な造形の和三盆

PICK UP

所蔵作品をデザインした手染めの手ぬぐいも人気。左は円山応挙の「朝顔狗子図」の絵柄、右は菱川師宣の浮世絵「見返り美人図」の着物地、中央は埴輪。1100～1430円

「見返り美人」と「風神雷神」の和三盆糖を固めた干菓子（各680円）。特に風神雷神の繊細なかたどりは見事。香川の和三盆の名店が製造。口に入れると上品でまろやかな甘さが広がりシュワッと溶ける

文房具も多彩。左は歌川国芳の浮世絵「猫あそび」と「金魚づくし」の付箋各550円。下は同「猫あそび」と「見返り美人図」着物柄のマスキングテープ275円～

人気商品

はにわソックス440円。7色展開で子供用もあり。はにわグッズも収蔵品がモチーフで、とぼけた表情とポーズがかわいく、文房具やぬいぐるみ、置物など種類豊富

東京国立博物館限定の「神戸風月堂」レスポワール（クッキー）の詰め合わせ（各972円）。四季花鳥図巻の「サクラ」と「カキツバタ」の缶が美しい

「トーハク」の愛称で知られる日本で最も長い歴史をもつ博物館。日本や東洋の美術作品と考古遺物を集めた収蔵品は約12万件。ショップのメイン商品は収蔵作品をモチーフにしたもので、歴史や美術ファン垂涎の品揃え。書籍も4500種類と充実。

Map P.120-B2 上野

🏠台東区上野公園13-9 東京国立博物館本館1階 ☎03-3822-0088 ◆9:30～17:00（最終入館は閉館30分前）休月（祝日の場合は開館、翌平日休み）、年末年始、臨時休館日 料博物館の入館料（1000円）が必要 交JR上野駅公園口、JR鴬谷駅南口から徒歩10分 URL www.tnm.jp

東京都美術館

オンリーワンに出合える

Museum shop
ミュージアムショップ

木彫りのルーペ（8580円）。素材は無垢の桜材。伝統技法「江戸木彫刻」を用いた唐草模様の持ち手がポイント。革ひも付きで首から下げられる

スタッフおすすめ

鼈甲のブックマーカー
PICK UP

人気商品

鼈甲はタイマイ（ウミガメ）の甲羅の加工品。その鼈甲の端材を用いて制作しているのが注目点。限界まで薄く加工し、鼈甲の新しい表現を模索した商品に。とんぼや籠の柄があり、付属のひもを通せばネックレスにもなる（各6380円）

キャンバス地のトートバッグ（2970円）。十分にマチがあるので、本やパソコンを持ち運ぶ際も安心。3色展開

オリジナルのマグカップ（1870円）とコースター（6枚セット605円）。シンプルなデザインでギフトにもいい。ブランド名「ART VIA TOKYO」は「東京発アート行き」をテーマにアートへの関心を高めてほしいという意図

1926年開館の日本初の公立美術館。国内外の名品を楽しめる特別展や多彩な企画展を開催。ショップは「+CREATION（プラスクリエイション）」をコンセプトに、アートがテーマのほかでは見られないおもしろさのある商品を揃えている。

Map P.120-B2 上野

🏠台東区上野公園8-36 東京都美術館中央棟ロビー階 ☎03-5685-9110 ◆9:30～17:30（最終入館は閉館30分前）休第1・3月（祝日の場合は開館、翌平日休み）、年末年始 料無料 交JR上野駅公園口から徒歩7分 URL www.tobi-museumshop.com

掲載写真：©東京都美術館

▼ 東京国立博物館のショップは本館と東洋館にあるが、本館の本店が品揃え豊富でおすすめ。（千葉県・K）

上野の森美術館

「西郷さん」グッズに注目

Museum shop ミュージアムショップ

一筆箋と同じく「西郷さん」と愛犬「ツン」が描かれたオリジナルポストカード（各150円）。「上野といえば……」、パンダと動物たちも登場

大人気につき定番商品となったドイツのステッドラー社の人型定規（2750円）。身長175cmの10分の1の縮尺。デザイン・製図はもちろん、インテリアにもなる

文具雑貨で活躍中の「ユルリク」がデザインしたオリジナルノート（550円）。森や自然をイメージしたゴールドのエンブレムが印象的

オリジナル一筆箋

PICK UP

「西郷像のいちばん近くにある美術館」という発想のもと、イラストレーター古谷充子さんが描く「西郷さん」はほのぼのとしたタッチ。広い背中の後ろ姿にも注目（400円）

常設展示はないが、西洋画から漫画まで幅広いジャンルの展覧会を開催。ショップで扱う商品は文房具をはじめ、デザイン的に優れた物やちょっと変わった物など。オリジナル商品は「楽しく描く」がコンセプト。

Map P.120-B2 上野

🏠 台東区上野公園1-2 上野の森美術館1F ☎03-3833-4191 ⏰10:00〜17:00（展覧会により異なる） 休不定休 料美術館の入館料が必要 交JR上野駅公園口から徒歩3分 URLwww.ueno-mori.org ※2021年8月現在ショップでの商品販売は休止中。

たばこと塩の博物館

たばこと塩関連のユニークな商品

Museum shop ミュージアムショップ

死海やウユニ湖の湖塩、アンデスの岩塩、硫黄のにおいがするインド・ベンガルの岩塩、バリ島のピラミッド型の天日塩など珍しい塩約30種がラインアップ（238円〜）。料理好きでなくとも味見してみたくなる

オリジナルパッケージの三色塩飴270円。梅、レモン、黒糖の味がしっかりついた人気の飴

世界の塩

PICK UP

人気キャラクター「たばこ＆としお」のグッズ。写真のマッチは、「こけしマッチ制作所」とのコラボ商品でマッチの先に男女の顔が。1箱に1本「愛」マッチ入り（各209円）

スタッフおすすめ

内側はこんな感じ

オリジナルデザインのトートバッグ1650円。塩の結晶と喫煙具をデザインしたシックで丈夫なバッグ。リバーシブルになっているのがポイント

酒、たばこ、コーヒー、お茶の四大嗜好品を図案化したオリジナルの手ぬぐい1100円。和モダンでおしゃれ

明治20〜30年代にたばこ宣伝合戦が加熱。当時のアートなポスターも収蔵しており、写真はそのポストカード各110円

たばこの販売が民営だった明治中期は、各社パッケージデザインにも尽力。当時の最先端デザインだったパッケージをモチーフにしたマグネット各352円

専売品だった「たばこ」と「塩」の歴史と文化をテーマとする博物館。塩の奥深い歴史、たばこにまつわる優れた工芸品や美術品が常設展示されていて、ショップにはそれらをモチーフにした商品が並ぶ。渋い物からポップな物までおもしろグッズが盛りだくさん。

Map P.117-C2 押上

🏠 墨田区横川1-16-3 たばこと塩の博物館1F ☎03-3622-8801 ⏰10:00〜17:00（最終入館は閉館30分前） 休月（祝日の場合は開館、翌平日休み）、年末年始 料無料 交地下鉄本所吾妻橋駅A2出口から徒歩10分、地下鉄押上駅B2出口から徒歩12分 URLwww.tabashio.jp

たばこと塩の博物館は、常設展のほか年5回ほど特別展を開催（要入館料）。

お花選びからハッピーになれる♡
進化系フラワーギフト

贈る人も心華やぎ、もらった人も幸せ気分にしてくれるフラワーギフト。
贈る相手をイメージしてお花を選んでみて。

生花

季節感を楽しめ、暮らしに潤いを与えてくれる。花束やブーケ、アレンジメントなどの商品がある。

Hibiya-Kadan Style
アトレ恵比寿店
ヒビヤカダンスタイル
アトレエビステン

そのまま飾れるブーケ
グリーンをたっぷり用いたものが最近の人気。写真のシュシュフルールは3300円

シュシュフルール

ココがPOINT
ロングタイプとブーケタイプがあり、贈る相手のことや贈るシーンなどを考えてチョイス。主役にしたい花、またテーマカラーを決めて花選びを。

オレンジのバラをメインにしたブーケ（丈が短い）タイプの花束5500円

フラワーギフトの定番

花束

可憐なイメージのロングタイプの花束5500円。予算や好みの花で作ってくれる

ココがPOINT
保水ゼリーの入ったカップに活けられているので、ラッピングのまま飾り、水替え不要でお手入れが楽ちん。贈る相手を選ばない花ギフト。

ナチュラルな感じのバスケットアレンジメント5500円

華やかな祝いのシーンに

フラワーアレンジメント

ココがPOINT
バスケットや花器の中に入れた給水スポンジに花を挿してあり、こちらもそのまま飾れる。スポンジが乾かないように水やりが必要。

生花を中心に扱う「わかりやすく買いやすい」ショップ。そのまま置いて飾れるブーケ、シュシュフルールは人気のギフト商品。日常を豊かに彩ってくれる花ギフトを提案しており、予算に合わせてオーダーもできる。

お花選びのお手伝いします

Map P.123-B2 恵比寿

🏠渋谷区恵比寿南1-5-5　アトレ恵比寿3階（JR東口改札前）
☎03-5475-8701　🕙10:00〜21:00
🈺1/1　🚃JR恵比寿駅東口改札すぐ
🏢都内に複数店舗あり
URL www.hibiyakadan.com

💌「Hibiya-Kadan Style」は駅の近くにあるので、帰宅時にちょっと花を買って帰りたいときに重宝しています。（東京都・Ayu）

TOKYO FANTASTIC 表参道店

トーキョーファンタスティック オモテサンドウテン

自然の鮮やかさがきれいなド
ライフラワーの花材コーナー

ドライフラワー

生花を乾燥させたもの。水やりなどのお手入れ不要で、長い間楽しめる。飾り方も工夫次第。スワッグ（壁掛けブーケ）、フレームフラワーなどのアレンジメントが人気。

進化系フラワーギフト

壁掛けタイプの花束
ミニスワッグ・ギフトバッグ

ココが POINT
透明のバッグに入っているところがポイント。手みやげに持っていく途中も気分が上がる！　もらった人はこのまま飾っても、取り出してつるしてもいい。

額装された花のアート
フレームフラワー

壁掛けブーケを絵画のように額装したフレームフラワー。1万円〜

ココが POINT
年上の人、上司への贈り物や手みやげに選ぶ人が多いとのこと。きれいなままより長く飾れる。

ココが POINT
薬瓶のような円形ボトルの中にそれぞれ世界観が表現されている。テーブルの真ん中に置いて全方向から楽しんで。

360度ぐるりと楽しめる
フラワーボトル

薬瓶のようなガラス瓶を用いたフラワーボトルは花の標本のよう。8250円〜

友人宅などカジュアルな手みやげによいミニスワッグ各4290円

スワッグってなに？
花や植物を束ねてデザインされた、壁にかける飾りのこと。花束になったドライフラワーのスワッグが人気。

店内の壁に並ぶドライフラワースワッグ。小サイズで5000円台〜。オーダーも可能

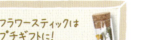

フラワースティックはプチギフトに！
手のひらサイズのボトルに季節のドライフラワーを詰めたフラワースティック。ちょっとしたお礼に一本選んでもかわいらしいし、複数なら立派なインテリアに。各1980円

ドライフラワーの「Tida Flower」が入店。花材の85%を占めるナチュラルドライフラワーが店内を彩り、種類の多さは圧倒的。気軽に贈れるミニスワッグ、かしこまったギフトシーンにも重宝するフレームフラワーなど、ギフト商品もさまざま。

Map P.122-A2 青山

🏠 港区南青山3-16-6
☎ 03-3478-8320
🕐 12:00〜19:00　🗓 水
🚃 地下鉄表参道駅A4出口から徒歩3分　🏠【青山店】港区北青山3-8-11 2F
🔗 tokyofantastic.jp

いずれも50g
ポーション用

エシレロゴや牛イラストが入ったココット。
手前のふたつは各1650円、奥は各2750円

ÉCHIRÉ MAISON DU BEURRE
エシレ・メゾン デュ ブール →P.26

Cocotte & Canister
ココット＆キャニスター

老舗茶筒メーカーとコ
ラボしたブリキのオリ
ジナルキャニスター。
左は約150ml 1650円、
右は225ml 1980円

TODAY'S SPECIAL Jiyugaoka
トゥデイズ スペシャル
ジユウガオカ →P.85

エスニック雑貨など
を扱う「chahat」の
インド生まれのコッ
トン100%バンダナ。
各1100円

TODAY'S SPECIAL Jiyugaoka
トゥデイズ スペシャル
ジユウガオカ →P.85

Towel & Bandanna
タオル＆バンダナ

やわらかく
肌触り抜群

優れた吸水性をもち、
ふわふわな「ROYAL-
PHOENIX of the seas」
のハンドタオル。各
1650円

TOKYO!!! →P.47
トーキョーミッツ！

毎日をちょ
笑顔になる

**実用的な贈り物は、機能性はもちろん
相手に気を使わせない、お手頃価格の**

カラー展開あり

カモフラ柄に亀マーク
が映えるランチトート
バッグ2420円。小さ
く見えてたっぷり入る

亀の子束子 谷中店
カメノコタワシ
ヤナカテン →P.35

ユーモアが効いたレト
ロデザインのマルチ
ポーチ1650円。ナイ
ロン生地で軽く容量
たっぷり

TOKYO!!! →P.47
トーキョーミッツ

A6サイズの
手帳も入る

オシャレセット

Tote bag & Small bag
バッグ＆ポーチ

タウンユースもOKな
オリジナルデザインの
マルシェバッグ。Sサ
イズ880円、Lサイズ
1100円

TODAY'S SPECIAL Jiyugaoka
トゥデイズ スペシャル
ジユウガオカ →P.85

内側にポケットが付
いたキャンバス地の
舟形トートバッグ。小
2860円、大3520円

ÉCHIRÉ MAISON DU BEURRE
エシレ・メゾン デュ ブール →P.26

食べ物以外のギフトは自分が実際に使ってよかった物や、相手が欲しい物を基本的に買うようにしています。(東京都・うめ)

さわやかな色がすてき

蚊帳生地を使ったふきん。富士山の柄と茶碗の柄がかわいらしい。各605円

アコメヤのオリジナル

Cloth
ふきん&手ぬぐい

AKOMEYA TOKYO in la kagū
アコメヤ トウキョウ イン ラカグ →P.84

ハトのマークでおなじみ「鳩居堂」オリジナルの手ぬぐい(880円)とふきん(各550円)

鳩居堂 →P.108
キュウキョウドウ

笑顔になる雑貨ギフト

Kitchen
キッチン周りクリーナー

抗菌・防カビ効果で、清潔に保てる「亀の子束子」のオリジナルスポンジ各330円。色もかわいい

亀の子束子 谷中店
カメノコタワシ ヤナカテン →P.35

Kamenoko Sponge

水切れ&泡切れ抜群♪

天然オレンジオイル配合のキッチンクリーナー(1100円)と100%植物由来の台所用石けん(1320円)

AKOMEYA TOKYO in la kagū
アコメヤ トウキョウ イン ラカグ →P.84

っと楽しく♪雑貨ギフト

愛着のわくかわいいものを選びたい。喜ばれるアイテムを見つけてみて。

手書き風文字が入ったタンブラーカップ。ベージュと黒の2色あり、各300ml 1650円

TODAY'S SPECIAL Jiyugaoka
トゥデイズ スペシャル ジユウガオカ →P.85

2重構造で冷めにくい

Bottle & Tumbler
ボトル&タンブラー

レトロなカラーの150mlミニ水筒。"ちょっと一息"の文字に思わずほっこり。1760円

TOKYO!!!
トーキョーミッツ →P.47

カメノコブレンド(→P.75)を外でも味わってほしいと販売。250ml 1880円

亀の子束子 谷中店
カメノコタワシ ヤナカテン →P.35

TOKYO!!!
CHICSTOCKS

キッズ・S・Lの3サイズあり

靴下ブランドの「CHICSTOCKS」と「TOKYO!!!」がコラボ。列車に着想を得たカラーリングの靴下各2200円

TOKYO!!!
トーキョーミッツ →P.47

Socks 靴下

米国の靴下ブランド「SOCKGUY」が作った「亀の子束子」のオリジナル高機能靴下各1650円

亀の子束子 谷中店
カメノコタワシ ヤナカテン →P.35

ふきんやクリーナーなど日用品アイテムは新生活を始める人へのギフトにおすすめ。

デイリーに使える
優秀ケアグッズを贈ろう

美容アイテムの贈り物は新たな発見があって喜ばれる反面、
肌質や好みなど選ぶのがなかなか難しいもの。
そこで肌に優しいオーガニック商品や無添加のものを中心に、
心地よい使用感で毎日使えるケアアイテムを編集部が厳選。

どれもおすすめよ～

ココが
おすすめ！
すべて天然由来
のうるおい成
分配合

ROSE
BATH CUBE

LAVENDER
BATH CUBE

ココが
おすすめ！
香りに癒やさ
れ、肌もつる
つるに！

BATH GOODS
バスグッズ

入浴剤 ふくふく湯
だるまや招き猫、犬張子がデザインされた
縁起のよい入浴剤3種。だるまはカラスウリ
エキスの森林の香り、招き猫は柑橘系のさ
わやかな香り、犬張子は菊の花の優しい香
り。各220円。

TOKYO!!! →P.47
トーキョーミッツ

入浴剤
TODAY'S SPECIAL
オリジナルバスキューブ

オリジナルデザインのクラフト紙に包まれた
バスキューブはローズとラベンダーの2種類。
温浴効果が高まるのはもちろん、入浴しなが
ら角質を落としてくれる。各440円。

TODAY'S SPECIAL Jiyugaoka
トゥデイズ スペシャル ジユウガオカ →P.85

ココが
おすすめ！
各湯に合う香り
配合でリラッ
クス効果も

入浴剤
【H&B】バスエッセンス
湯めぐり6包セット

日本の名湯と共同開発した
「AKOMEYA TOKYO」オリジナ
ル入浴剤。各湯の源泉から湯を取
り、各温泉水に合わせた香りの精
油、保湿・美肌効果成分を配合し
て再現したもの。北海道十勝温
泉、群馬県四万温泉、大分県鉄輪
温泉の3種類。2112円

AKOMEYA TOKYO
in la kagū
アコメヤトウキョウ →P.84
イン ラカグ

紙石鹸
ニューレトロ
紙せっけん

紙せっけん
クリーン

福岡の文具・雑貨メー
カー、「HIGHTIDE」のレト
ロなパッケージがかわいい
紙石鹸。きちんと泡立ち、
洗い上がりさっぱり。40枚
入り、420円。

TOKYO!!! →P.47
トーキョーミッツ

ココが
おすすめ！
ポケットサイズ
で持ち運びに
便利！

その他

handmade candle lifart...

長野県松本市にあるキャンドル工房のフレグ
ランスキャンドル。リンゴをベースに花や植
物が優しく香るShinanoなど3つで3080円。

TODAY'S SPECIAL Jiyugaoka
トゥデイズ スペシャル →P.85
ジユウガオカ

ココが
おすすめ！
3つのうちひと
つはオリジナル
フレーバー

旅行用セット
NATURALCOSMO
TRAVEL BAG

古代ミネラルに着目した国産ブラ
ンドのトラベルキット5500円。
シャンプー、クレンジング、トリー
トメント、薔薇椿オイルなど6種類。

TOKYO!!! →P.47
トーキョーミッツ

ココが
おすすめ！
約10日分、全
身のケアがで
きる

「85」のマッサージウッド（→P.103）は握るだけでも気持ちがいい。友人に贈ったらすごく気に入ってくれた！（東京都・TO）

ココが
おすすめ！
ナチュラルな使
用感で使い心
地がいい

ココが
おすすめ！
肌にうるおい
と、ハリを与
えてくれる

YAY follow wax/cream

ヘアワックス（左、2090円）はシアバ
ター、ヘアクリーム（右、2420円）は
アルガンオイルをベースに自然素材を
使用。前者はリップクリームとして、
後者はハンドクリームとしても使える。

TODAY'S SPECIAL Jiyugaoka
トゥデイズ スペシャル ジユウガオカ
→P.85

【H&B】
お米由来のフェイスマスク しっとり 5枚入り

兵庫県産コシヒカリから抽出した米エキスと、京
都府伏見の日本酒、女酒の酒粕エキスを配合した
しっとりタイプのフェイスマスク。1925円。

AKOMEYA TOKYO in la kagū
アコメヤ トウキョウ
イン ラカグ →P.84

ココが
おすすめ！
肌トラブルや老
化防止などに
効果が高い

MONOEARTH
PURE MORINGA SEED OIL

タイの有機栽培農家で栽培されたモリンガ
の種をコールドプレスで搾油し、ろ過した純
度100%のモリンガオイル。30ml5280円

85 →P.87
ハチゴウ

ココが
おすすめ！
天然木の香りが
リラックス効
果を高める

85のマッサージウッド

白檀の木のなめらかな手触り
が気持ちいい。ツボ押し、ほ
ぐすように優しくマッサージ
するのもおすすめ。各1980円。

85 →P.87
ハチゴウ

ココが
おすすめ！
肌に保湿成分が
しっかり染み込
んでくれる

【H&B】
お米由来の成分が
入ったハンドクリーム ひのき葉

保湿効果の高い米ぬかエキス、肌の
キメを整えてくれる米のアルコール
を配合。シアバターとアルガンオイ
ルも入り、しっとり肌に。2530円。

AKOMEYA TOKYO in la kagū
アコメヤ トウキョウ
イン ラカグ →P.84

BODY CARE
ボディケア品

NEROLILA Botanica
CBDリップトリートメント
フレッシュミント

リラックスやリフレッシュなど、心身ともに多
彩な効果が期待できる麻から採取されるカンナ
ビジオール（CBD）オイルを配合。ビタミンA、
D、Eも含まれるため美肌効果も。3960円。

SINCERE GARDEN
シンシア・ガーデン →P.111

ココが
おすすめ！
軽いテクスチャ
ーで口紅のベー
スにも◎

優秀ケアグッズ

ココが
おすすめ！
顔・髪・体の
ほか空間にも
使える

BROWN SUGAR 1ST.
Oil Balm

有機エキストラバージンココナッツオ
イル使用のマルチバーム。肌なじみが
よく、しっとりすべすべ肌に。3080円。

SINCERE GARDEN
シンシア・ガーデン →P.111

ココが
おすすめ！
良質オイルなの
で敏感肌にも
おすすめ

ココが
おすすめ！
UVダメージ予
防、保湿など多
機能で優秀

IT ALL NATURAL
Lively Oil

植物由来成分100%で肌、
髪とマルチに使えるサロン
クオリティのオイル。
3520円。

SINCERE GARDEN
シンシア・ガーデン →P.111

MULTIPLE CARE
マルチケア用品

NEROLILA Botanica
BLOOMING SHOWER

奈良県天川村に湧き出る天然水を
ベースに作られたミネラルが豊富な
全身に使える化粧水。ジャパニーズ
ネロリやローズの香り。3960円。

SINCERE GARDEN
シンシア・ガーデン →P.111

【H&B】お米由来の成分が入ったマルチバーム ゆず

リップにも使えるマルチバームで、目元、指
先など乾燥が気になるところになじませるだ
け。ゆず以外に伊予柑の香りもある。2750円。

AKOMEYA TOKYO in la kagū
アコメヤ トウキョウ
イン ラカグ →P.84

ココが
おすすめ！
お米由来成分で
保湿効果も
ばっちり

肌につけるケアグッズを贈る場合は、相手の肌質やアレルギーなども事前に知っておきたい。

小粋で上品な和ギフト

東京だから手に入る和の雑貨

繊細で情緒のある和風の日用品や文具が人気。和のギフトは年上の人への贈り物、海外へのおみやげにも重宝する。せっかくなので、歴史ある老舗や名店でとっておきのアイテムを探そう。

手みやげの添え状にもなる 蛇腹便箋（じゃばらびんせん）

昔、手紙を書くのに使われた巻紙から着想した蛇腹折りの便箋。折り目ごとにミシン目が入っていて、一筆箋にも長文の手紙にも使える。写真はミニサイズで封筒入り。各550円 **A**

便箋と封筒がセットに

「波に鳥」の絵柄

蛇腹便箋と封筒が厚紙のカバーの中に入ったレターセット（550円）は贈り物にも人気。写真の千代見草はおめでたい先触れといわれる文様 **A**

愛らしい絵柄にキュン！

イラストレーターのますこえりさんとコラボした蛇腹メモグラム 各660円。便箋よりカジュアルなメモ帳で、カードにもなる **A**

「おしどり」の絵の千代紙を表紙にあしらった朱印帖1870円。寺社めぐりのお供に **A**

懐かしくて新しい 千代紙小物

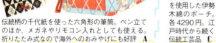

伝統柄の千代紙を使った六角形の筆筒。ペン立てのほか、メガネやリモコン入れとしても使える。折りたたみ式なので海外へのおみやげにも好評 **A**

伝統和柄から動物や花などのかわいらしい柄まで季節ごとの多種多様なポチ袋が揃う **B**

ぬくもりのある逸品 ポチ袋や日用雑貨 etc.

ヒノキやブナなど自然木から作った箸（各1320円）と縁起模様の箸置き **C**

最高級の純綿糸を使用した伊勢木綿のポーチ。各4290円。江戸時代から続く伝統工芸品 **C**

小さなしおりのような、かをり紙（各495円）。名刺に挟んでおくと手渡すときにふわっといい香りが **B**

移り香を楽しむ 香り製品

伝統の調合で作られる、携行できる手のひらサイズのにほひ袋（660円〜）。衣類などに香りを移して使う **B**

時期により、柄は異なる

街歩きが楽しい！

東京の4エリアで
すてき手みやげを求めて
気ままにおさんぽ

広〜い東京には個性豊かなエリアがたくさん。
おすすめ手みやげスポットが集まっていて、街歩きも楽しめちゃう4つのエリアを
ぶらりとおさんぽしてみれば、新たな発見があるかも。

W   L   K

名所からNewスポットまで
浅草界隈を観光しながら
和のおみやげを探そう！

和雑貨の老舗、みやげ物や和菓子の店が並ぶ商店街を抜けると、巨大な東京スカイツリーが目の前に。古き門前町を歩き、天空から町を眺め、ワクワクが止まらない観光＆ショッピング！

TOTAL 7時間30分

浅草界隈おさんぽ
TIME TABLE

- 9:30 ペリカンカフェ
  ↓ 徒歩15分
- 11:00 浅草寺
  ↓ 徒歩8分
- 12:00 すみだリバーウォーク
  ↓ 徒歩5分
- 12:15 隅田公園（墨田区側）
  ↓ 徒歩1分
- 12:45 東京ミズマチ
  ↓ 徒歩5分
- 14:00 東京スカイツリー
  ↓ 徒歩5分
- 16:30 BANANA FACTORY

1 あの名店のパンを朝食に！ 9:30
ペリカンカフェ

シンプルなのにまた食べたくなる極上食パンの店「パンのペリカン」。その直営のカフェがここ。炭焼きトーストなどパンがよりおいしくなるように工夫されたメニューが楽しめる。

Map P.117-B1 田原町
🏠 台東区寿3-9-11 ☎03-6231-7636
🕐 9:00～17:00（L.O.）🈺日・祝、特別休業日（夏・年末年始）🚇地下鉄田原町駅2番出口、地下鉄蔵前駅A5出口から徒歩5分
🏠【パンのペリカン】台東区寿4-7-4
URL pelicancafe.jp

1. 手前はフルーツサンド920円、後方は厚切りハムを挟んだ炭焼きトーストのサンド750円 **2.** 行列ができる「パンのペリカン」の食パン

フルーツサンドも朝から提供

2 まさに浅草の中心！ 11:00
浅草寺 センソウジ

1400年近い歴史をもつ都内最古のお寺で、「浅草の観音様」として親しまれている。雷門をくぐった表参道は、みやげ物店がズラリと並ぶ仲見世。美しい楼閣の宝蔵門、壮麗な本堂、五重塔と見どころいっぱい。

Map P.117-A1 浅草
🏠 台東区浅草2-3-1 ☎03-3842-0181
🕐 6:00～17:00（10～3月6:30～、授与所9:00～）🈺無休🚇地下鉄浅草駅1番出口、東武スカイツリーライン浅草駅正面口から徒歩5分 URL www.senso-ji.jp

1.「雷門」には風神、雷神が祀られている **2.** 本堂前にはお札やお守、おみくじの授与所が並ぶ **3.** 広大で荘厳な本堂。天井画も見応えがある
掲載写真：©浅草寺

牛嶋神社の「撫で牛」

吾妻橋からはアサヒビール本社ビルと隣の金のオブジェが間近

商店街を歩こう！

仲見世
江戸時代に開かれた日本で最も古い商店街のひとつ。浅草寺の参道に老舗の和菓子店、和雑貨店など約90店が軒を連ねる。

新仲見世商店街
東西に延びる380mのアーケード商店街（約110店）。昭和レトロな雰囲気で、和装店、靴屋、飲食店をはじめ、和菓子や七味唐辛子などの名店店もある。

「ペリカンカフェ」は11:00まではメニューが少ないが、それ以降はトーストの種類も増え、スープやサラダを付けると充実のランチに！（東京都・T）

3 浅草寺とスカイツリーを最短で結ぶ **12:00**
すみだリバーウォーク®

東武鉄道の隅田川橋梁に隣接して造られた全長約160mの歩道橋。水面に近いので隅田川沿いの眺めが抜群！ 床面の一部に透明ののぞき窓があり、「恋人の聖地」に認定された場所もある。

リバーウォークからの眺め

1. 橋幅は2.5mで左側通行
2. 2ヵ所にある「恋人の聖地」は、恋人同士で愛を誓うスポット。写真撮影にもGood

電車が通ると振動が伝わり、迫力満点

Map P.117-A2 浅草
🏠 台東区花川戸1丁目1番地先〜墨田区向島1丁目1番地先 🕐7:00〜22:00 🈳無休 🚉東武スカイツリーライン浅草駅正面口から徒歩3分、地下鉄浅草駅5番出口から徒歩7分

池の周りに広がる日本庭園

東京スカイツリーの眺めが抜群

4 春は桜の名所、夏は花火大会 **12:15**
隅田公園（墨田区側）スミダコウエン（スミダガワ）

浅草界隈

隅田川の両岸にまたがる公園。東の墨田区側は約8万m²の広さを誇り、かつて水戸徳川家の江戸下屋敷（小梅邸）があった場所。公園内の日本庭園はその遺構を利用して造られている。

Map P.117-A2 向島
🏠 墨田区向島1丁目、2丁目、5丁目 🚉地下鉄浅草駅4番または5番出口から徒歩10分。地下鉄本所吾妻橋駅A3出口から徒歩7分
水戸徳川邸舊趾の碑と明治天皇歌碑が池の近くにある

和菓子&甘味処「いちや」（W04）の大福も人気

2020年にオープンした複合商業施設

5 **12:45**
鉄道高架下に個性豊かな店がズラリ
東京ミズマチ®
トウキョウミズマチ

すみだリバーウォークを墨田区側に渡ると、鉄道高架下にあるのが「東京ミズマチ」。ウエストゾーンとイーストゾーンに飲食店やホステル、スポーツ施設などが入居。川沿いがテラスになっていて、ランチや休憩にぴったり。

1, 2.「SHOP&WORKSHOPすみずみ」（E03）は墨田区で作られた工芸品や雑貨を扱うショップ。切子グラスも揃う
3.「shake tree DINER」（E06）。バンズを使わずパティでサンドした「ワイルドアウト」が看板メニュー

Map P.117-B2 向島
🏠 墨田区向島1丁目 🕐店によって異なる 🚉東武スカイツリーライン浅草駅から徒歩3分、同線とうきょうスカイツリー駅から徒歩3分、地下鉄本所吾妻橋駅A3出口から徒歩4分
🔗 www.tokyo-mizumachi.jp

パティでパティをサンド?!

6
旧国名「武蔵」の語呂に合わせて高さ634m

天気のよい日は富士山も見える

スロープ状の天望回廊は空中を散歩しているよう

©TOKYO-SKYTREE

世界一の高さの自立式電波塔 **14:00**
東京スカイツリー®
トウキョウスカイツリー

地上350mに天望デッキ、さらに上の450mにはガラス張りの天望回廊があり、圧巻の眺めが楽しめる。足元の商業施設「東京ソラマチ®」にはバラエティ豊かな店舗が300店以上揃う。

Map P.117-C2 押上
🏠 墨田区押上1-1-2 ☎0570-55-0634（コールセンター11:00〜19:00） 🕐10:00〜21:00（最終入場20:00） 🈳無休 💴天望デッキ1800円〜、天望デッキ+天望回廊2700円〜（前売券） 🚉東武スカイツリーラインとうきょうスカイツリー駅、または各線押上駅（スカイツリー前）からすぐ
🔗 www.tokyo-skytree.jp

バナナスイーツ専門店 **16:30**
BANANA FACTORY
バナナファクトリー

チーズケーキやモンブラン、プリン（→P.54）などの生菓子を中心にバナナを使ったスイーツがラインアップ。

Map P.117-B2 向島
🏠 墨田区向島3-34-17 ☎03-6240-4163 🕐11:00〜19:00 🈳火・水・不定休 🚉東武スカイツリーラインとうきょうスカイツリー駅から徒歩4分
🔗 bananshop.official.ec
@bananafactory877

1. 大人気のあんことクリームチーズ入りのバナナパイ320円
2. なめらかな口当たりで美味！バナナジュース480円〜
3. シェフパティシエの佐久間龍太さん

すみだリバーウォークを使えば、浅草から東京スカイツリータウン®まで最短で歩ける。

大人のおしゃれシティ
銀座で手みやげ探し

老舗の名店やハイエンドブランドなど一流ショップが軒を連ねる大人の街、銀座は上品な装いのギフトアイテムを探すのにもってこい。優雅にアフタヌーンティーも楽しんじゃおう。

TOTAL 5時間

銀座さんぽ
TIME TABLE 🕐

11:30 はちみつ専門店ラベイユ
松屋銀座店
↓ 徒歩3分
12:00 鳩居堂
↓ 徒歩2分
12:30 GINZA SIX
↓ 徒歩すぐ
13:00 銀座 蔦屋書店
↓ 徒歩11分
14:00 THE LOBBY
↓ 徒歩11分
15:30 交通会館マルシェ

自社で買い付け&直接販売してます

1 はちみつ専門店で限定品をゲット　11:30
はちみつ専門店ラベイユ
松屋銀座店
ハチミツセンモンテンラベイユ マツヤギンザテン

世界12ヵ国80種類以上と専門店ならではの品揃え。注目は銀座周辺の花々から蜜を集めた銀座のはちみつ。毎年違った味わいが楽しめるのは百花蜜ならでは。

Map P.121-C2 銀座
🏠 中央区銀座3-6-1 松屋銀座B1
☎ 03-3567-1211（代表）
🕐 10:00〜20:00　🈖 無休
🚃 地下鉄銀座駅A12出口直結　🈖 都内にほか8店舗あり
🔗 www.labeille.jp/shop/ginza

1. 厳選はちみつがズラリ。味の違いやおすすめの食べ方など尋ねてみて　2. NZ産マヌカハニーNMF10（3770円〜）もおすすめ　3. はちみつコンフィチュールいちご800円　4. 銀座のはちみつ（1728円〜）は松屋銀座店限定

2 お香や文具の老舗　12:00
鳩居堂
キュウキョウドウ

1663年創業、上品なデザインの良質な文具と天然香料使用の香り製品を扱う店。特に、古くから宮中に納めてきたお香などの香り製品には力を入れており、最高品質を取り揃える。

Map P.121-C2 銀座
🏠 中央区銀座5-7-4
☎ 03-3571-4429
🕐 11:00〜19:00　🈖 1/1〜1/3 ※ほか臨時休業あり
🚃 地下鉄銀座駅A2出口から徒歩1分　🈖 都内にほか4店舗あり
🔗 www.kyukyodo.co.jp

1. 香り製品は日常に取り入れられるカジュアルなものも販売　2. ハガキや一筆箋などオリジナル文具は要チェック　3. 箱付き書簡箋セット5962円

チームラボのデジタルアート作品

3 注目ショップが多数入店する複合商業施設　12:30
GINZA SIX
ギンザシックス

国内外のハイエンドブランドや旬の店をはじめ、屋上庭園、能楽堂などを有する銀座エリア最大規模の複合商業施設。注目アーティストらが手がけるパブリックアートも見もの。

Map P.121-C1 銀座
🏠 中央区銀座6-10-1　☎ 03-6891-3390　🕐 ショップ・カフェ10:30〜20:30、レストラン11:00〜23:00　🈖 不定休　🚃 地下鉄銀座駅A3出口から徒歩2分　🔗 ginza6.tokyo

館内にはアート作品が飾られている。写真は大巻伸嗣Echoes Infinity -Immortal Flowers- 2017　撮影：加藤 健

1. 日本の伝統建築の要素を取り入れた空間。撮影：繁田 諭　2. 最新鋭のパブリックアートが点在　3. 約4000㎡の広々とした屋上庭園

  「はちみつ専門店ラベイユ」のコンフィチュールはそのまま食べても美味。はちみつドリンク（→P.77）もおすすめ。（東京都・K）

4 銀座 蔦屋書店
アートに力を入れる大型書店 🕐 13:00
ギンザ ツタヤショテン

Map P.121-C1 銀座
📍中央区銀座6-10-1 GINZA SIX 6F ☎03-3575-7755 🕐10:30〜20:30 🈳不定休 🚇地下鉄銀座駅A3出口から徒歩2分 🔗store.tsite.jp/ginza 🛒

本を介して「アートのある暮らし」を提案する次世代型の書店。アート関連の書籍が豊富なのはもちろん、オリジナルグッズの販売、アートギャラリーやアート雑誌が読めるカフェを併設。

> メッセージを書けるタイプもあるよ

銀座

1. 歌川国芳の「十二支見立職人づくし」モチーフのマステ、モダン江戸づくし 各660円　**2.** 文具好きのためのピンズ6種セットで9394円　**3.**【サイン入】Pastel wind 今城純 作品集（3850円）　**4.**「銀座菊廼舎」とのコラボ、江戸の贅沢和菓子缶3456円

地図

- ザ・ペニンシュラ東京
- 日比谷駅
- ⑤ ⑥
- 有楽町駅
- 銀座一丁目駅
- 東京交通会館
- 数寄屋橋交差点
- Ginza Sony Park
- ① 松屋銀座
- 銀座駅 和光
- ② みゆき通り
- ③ ④
- 東銀座駅
- 並木通り
- 中央通り
- 昭和通り
- 晴海通り
- オーセンティックバーがたくさん！

---

5 THE LOBBY
ザ・ロビー
ザ・ペニンシュラ東京でとびきり優雅なひととき 🕐 14:00

> ひとり7337円で1名から注文できる

2021年夏季提供のマンゴーアフタヌーンティー

イチゴ、マンゴーなど季節ごとに異なるテーマでアフタヌーンティーを提供。セイボリーとスイーツ6種ずつ、スコーン2種に選べるお茶が付く。

> ホテルギフトもチェック → P.39

Map P.121-B1 日比谷
📍千代田区有楽町1-8-1　ザ・ペニンシュラ東京1階 ☎03-6270-2888（代表）🕐6:30〜22:00（アフタヌーンティーは11:30〜21:00）🈳無休 🈯予約が望ましい 👔カジュアル 🚇地下鉄日比谷駅A7出口すぐ、地下鉄有楽町駅A7出口すぐ 🔗www.peninsula.com/ja/tokyo/hotel-fine-dining/the-lobby-afternoon-tea

---

6 交通会館マルシェ
産直野菜やグルメ商品がズラリ 🕐 15:30
コウツウカイカンマルシェ

全国の産直野菜やご当地品など、バラエティ豊かなブースでにぎわう。平日は4店ほどだが、週末は雑貨を含め約25店が出店。珍しい品も多く、見て回るだけでも楽しい。

Map P.121-B2 有楽町
📍千代田区有楽町2-10-1　東京交通会館1階ピロティ ☎080-4413-6228 🕐12:00〜18:00、土・日・祝11:30〜17:30 🈳無休 🚇JR有楽町駅京橋口または中央口から徒歩1分 🔗kotsukaikan-marche.jp

> チュニジア産オリーブを売ってます♪

> コーヒー＆焼きたてパンはいかが？

1. 福島会津三島町産100年使える山ぶどうのバッグ　**2.** 上越妙高のアンテナショップが販売するご当地ビール　**3.** チュニジアのトウガラシペースト、ハリッサ　**4.** 幻のそばといわれる妙高こそば1360円

「THE LOBBY」のアフタヌーンティーで選べる茶葉はオリジナルブレンドやオーガニック茶葉など約15種類。

洗練された緑豊かな
表参道・青山エリア
アートもショッピングも楽しむ

ブティックやカフェ、アート施設など多彩なスポットが集まるトレンド最先端のエリア。流行に敏感なあの人も満足のハイセンスな最旬手みやげがきっと見つかるはず。

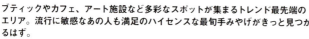

TOTAL 5時間

表参道・青山さんぽ
TIME TABLE ④

13:00 トラヤあんスタンド 北青山店
↓ 徒歩12分
13:45 根津美術館
↓ 徒歩8分
15:30 Fatima Morocco TOKYO
↓ 徒歩3分
16:00 SINCERE GARDEN
↓ 徒歩8分
17:30 SHOZO TOKYO STORE CAFE & GROCERY

黒砂糖＆メープルシロップのあん

北青山店限定のあんパン431円。あんペーストを温かい蒸し生地でサンド

1 「とらや」のあんを使ったお菓子を提案
トラヤあんスタンド 13:00
北青山店　トラヤアンスタンド キタアオヤマテン

あんを気軽に楽しんでほしいと、「とらや」が手がける。あんとチョコレートを焼き上げたしっとり濃厚なあずきとカカオのフォンダンなど、「とらや」のあんを使ったお菓子が楽しめる。

Map P.122-B2 青山

⌂ 港区北青山 3-12-16　☎03-6450-6720
⏰ 11:00～19:00　休第2・4水、年末年始
🚇 地下鉄表参道駅B2出口から徒歩3分
🏠 都内にほか2店舗あり URL www.
toraya-group.co.jp/anstand

パッケージもキュート

1. あんケーキはカカオ、抹茶、レモン、ミルクチョコの4種類あり各1個324円
2. 明るくやわらかな雰囲気の店内
3. あずきとカカオのフォンダン3888円

2 国宝を含む東洋古美術を所蔵
根津美術館 13:45
ネヅビジュツカン

実業家・根津嘉一郎氏が集めた日本や東洋の古美術を展示する私立美術館。収蔵品は絵画、考古、陶磁など幅広く約7400件にもおよび国宝7件、重要文化財87件、重要美術品94件を含む。

Map P.122-B2 青山

⌂ 港区南青山6-5-1　☎03-3400-2536
⏰ 10:00～17:00（最終入館16:30）　休月（祝日の場合は翌日）、展示替え期間、年末年始
🚇 地下鉄表参道駅A5出口から徒歩8分
URL www.nezu-muse.or.jp

庭園内にも美術品が点在してるよ

1. 祭祀に用いる古代中国の青銅器、双羊尊　2、3. 緑豊かな敷地内。広大な美しい日本庭園がある　4. 中国などの石彫作品が展示された1階ホール

根津美術館のミュージアムショップがおもしろい

店内の約8割はオリジナル商品で、商品の企画から美術館スタッフが手がける。所蔵物のモチーフからデザインを起こし、ほかでは手に入らない上品ながらもユニークな商品がめじろ押し。

重要文化財の双羊尊をモチーフにしたガーゼハンカチ各800円

包み布を復刻した更紗シリーズ。左は2800円

オリジナル干支ピンバッジ1800円～

💬 「トラヤあんスタンド」のあんケーキは新感覚のお菓子で、お茶にもコーヒーにも合う。ひと口サイズなのも高ポイント。（東京都・T）

ストローコースターは水洗いOK

小物入れにいいミニカラフルタジン

外苑前駅↗

表参道ヒルズ

表参道

Ⓜ表参道駅

青山通り

現地で買いイイナ♪

根津美術館の燕子花モチーフのバッグ

次はどのお店行く～？

表参道・青山エリア

岡本太郎記念館

骨董通り

↙渋谷駅

ブルーノート東京

1. バブーシュ。左は4400円、右は4950円 2. ワンハンドルストローバスケットSサイズ5280円 3. 買い物心をくすぐるアイテムが並ぶ

モロッコ雑貨やコスメのお店

3 Fatima Morocco TOKYO

15:30

ファティマ モロッコ トウキョウ

モロッコ生まれの雑貨に都会のエッセンスを加えたオリジナルデザインが秀逸。なかでも職人の手作業による自然素材を使ったバスケットと羊皮のバブーシュは品揃えが豊富。

Map P.122-A2 青山
🏠港区南青山 3-9-12 佐藤ビル2階
☎03-6804-6717 ⏰11:00～19:00 休日
🌐www.fatimamorocco.com 🛒地下鉄表参道駅A4出口から徒歩5分

1, 3. ショップでは厳選コスメを中心に食品なども販売。1はドライなつめ1296円、3はスキンケアブランドのママバター 2. 光が差し込むスパルーム

オーガニックコスメでリラックス

4 SINCERE GARDEN

16:00

シンシア・ガーデン

オーガニックコスメを使用したオールハンドのトリートメントが受けられる。気軽に試せる足や手のメニューから本格的なフェイシャルメニューまで豊富。ショップ&カフェ併設。

ヘッド&ショルダー30分4345円など

Map P.122-A2 青山
🏠港区北青山 3-5-4 ☎03-5775-7370（スパ&ショップ）、03-5775-7375（カフェ）
⏰スパ&ショップ11:00～20:00、カフェ11:30～20:00(L.O.19:00) 休毎月1日（土・日・祝の場合は翌日）、年末年始 📌スパは望ましい 🛒地下鉄表参道駅A3出口から徒歩4分 🌐www.sincere-garden.com

焼き菓子がおいしい憩いのカフェ

5 SHOZO TOKYO STORE CAFE & GROCERY

17:30

ショーゾー トウキョウ ストア カフェ&グローサリー

栃木県那須塩原市に本店を構える。コーヒー好きに知られる北海道の「斎藤珈琲」で焙煎したコーヒーをメインで提供しており、自家製焼き菓子やオリジナルグッズも販売。

Map P.122-A2 青山
🏠港区北青山 3-10-15 ☎03-6803-8215
⏰10:00～18:00 休不定休 🛒地下鉄表参道駅B2出口から徒歩1分 📷@shozocoffee_tokyo

1. 焼き菓子は約10種類。左は優しい甘さのスコーン（350円～）、右はマドレーヌ 2, 4. KINTOトラベルタンブラー（各3100円）やマーケットバッグ（各1650円）などグッズもかわいい 3. コーヒーは460円

「根津美術館」所蔵の祭祀用の器、双羊尊（→P.110）は左右に羊を配置した珍しい形の青銅器で、同形は世界にふたつしかない。

トレンド発信地の代官山・恵比寿で買い物も食も満喫のアクティブさんぽ☆

TOTAL 6時間

代官山・恵比寿おさんぽ
TIME TABLE

12:00	寺カフェ代官山
徒歩4分	
13:30	旧朝倉家住宅
徒歩3分	
14:15	Mocha Coffee
徒歩8分	
15:30	ダカフェ恵比寿店
徒歩10分	
15:50	ヱビスビール記念館
徒歩5分	
17:45	にほんばしえいたろう

隠れ家のような店が点在する代官山でユニークなカフェをめぐり、手みやげによい品を求めて恵比寿へ。ヱビスビール記念館のオリジナル商品や老舗の和菓子を要チェック！

1 お坊さん常駐の癒しカフェ 12:00
寺カフェ代官山
テラカフェダイカンヤマ

「お坊さんと語ろう」をやってます

10種ほどの野菜料理やナッツなどを押し麦入りのご飯に合わせたブッダボウル1000円

川崎の信行寺が運営する「現代の駆け込み寺」の役割を担うカフェ。阿弥陀如来がご安置された店内は安らぎの空間。メニューは定食スタイルの各種御膳をはじめ、和スイーツも人気。

Map P.123-B1 代官山

🏠渋谷区恵比寿西1-33-15 EN代官山ビル1F
☎03-6455-3276 ⏰11:00〜19:00（L.O.18:00、朝粥のみの営業：日9:00〜11:00、月7:00〜10:00）休無休 🚃東急東横線代官山駅東口から徒歩3分 URL tera-cafe.com

1.ティラミスがのったボリューミーなパフェ、寺ミス880円 2.お坊さんに悩みなど話を聞いてもらえる法話や写経の講座も行っている（要予約） 3.日曜と月曜の朝限定で、土鍋で炊き上げた朝粥を提供（要予約）

1.1階の杉の間（三間）杉の木目を生かした数寄屋造り。2階では欄間や棚の意匠、襖絵や板絵が見もの 2.大正ロマンの趣が漂う2階建ての建物内と回遊式庭園を見学できる

国の重要文化財に指定されている

2 都心に残る大正期の和風住宅 13:30
旧朝倉家住宅
キュウアサクラケジュウタク

東京府議会議長を務めた朝倉虎治郎氏によって1919年（大正8年）に建てられた木造2階建て住宅。座敷、茶室、洋間など機能別に異なる造りや意匠が見どころ。モミジやツツジなど四季の景観が美しい庭園も巡れる。

Map P.123-B1 代官山

🏠渋谷区猿楽町29-20 ☎03-3476-1021 ⏰3〜10月：10:00〜18:00（最終入場17:30）、11〜2月：10:00〜16:30（最終入場16:00）休月（祝日の場合は開館、翌平日休み）、12/29〜1/3 🚃東急東横線代官山駅中央口から徒歩5分 ¥100円（小・中学生50円、60歳以上無料）URL www.city.shibuya.tokyo.jp/shisetsu/bunka/asakura.html

サンルームのような造り

3 本格モカコーヒーが楽しめる店 14:15
Mocha Coffee
モカコーヒー

Mocha Coffee
Coffee & Cake

コーヒー豆の「モカ」の名は、15世紀頃、世界最古といわれる豆がアラビア半島イエメンのモカ港から出荷されたことに由来。そんな由緒あるイエメン産シングルオリジンの豆を用いた香り高いコーヒーを中東菓子とともに提供。

Map P.123-B1 代官山

🏠渋谷区猿楽町25-1 1F ☎03-6427-8285 ⏰14:00〜18:00（L.O.17:00）休月、不定休 🚃東急東横線代官山駅西口または北口から徒歩3分 URL www.mochacoffee.jp URL mochacoffee.theshop.jp

カルダモン、サフランなどのスパイスを加え煮出して飲む伝統のアラビックコーヒー（2人前2200円）は、ドライデーツと味わう

1.イエメン各地から取り寄せた豆は月替わりで3種類メニューに。初心者におすすめのハラズはさわやかなアロマでカカオのような味と味（1000円） 2.植物に囲まれた小さなカフェ 3.アラビア文字がデザインされたオリジナルトート（2850円）

酸味の強いコーヒーは苦手だったけど、「Mocha Coffee」のコーヒーは酸味がフルーティで飲みやすかった。（千葉県・みい）

値段は時価だがキウイ788円など

4 話題のフルーツサンドを購入
ダカフェ恵比寿店 `15:30`
DATA → P.59

「八百屋の作る本気のカフェ」がテーマ。大人気のフルーツサンドが買えるほか、旬の果物を使ったイートインメニューが楽しめる。

1. フルーツサンドは時期によってラインアップが変わる
2. 人気メニューのダースト748円

パッケージも数種類ある

代官山・恵比寿

小袋入りのおやつ菓子は50種類以上。ピーセンや梅ぼ志飴など1袋216円～

6 選ぶのが楽しいポップな小袋菓子
にほんばしえいたろう `17:45`

老舗和菓子店「榮太樓總本舗」から生まれたブランドで、親しみやすいおやつ菓子がメイン商品。小袋入りのピーセンや豆菓子、かりんとうなどから選んで、かわいいギフトボックスに詰めて手みやげに。

`Map P.123-B2` 恵比寿

🏠 渋谷区恵比寿南1-5-5 アトレ恵比寿3階 ☎03-5475-8353
🕐 10:00～21:00 🈺1/1
🚃 JR恵比寿駅西口から徒歩1分
🔗 www.nihonbashieitaro.com

店限定の人気商品、美味(うま)どらとふわどら。パンケーキのようなしっとり食感のミニサイズどら焼きで、季節メニューもあり（162円～）

お楽しみの試飲

ツアーは2種の試飲付き。自由見学は1杯400円

資料や映像で歴史を紹介するギャラリー

こぼれ話も交えてご案内

おなじみエビス様のロゴがお出迎え

`15:50`

5 ビールの歴史とおいしさを体感！
ヱビスビール記念館
ヱビスビールキネンカン

`Map P.123-B2` 恵比寿

🏠 渋谷区恵比寿4-20-1 恵比寿ガーデンプレイス内 ☎03-5423-7255
🕐 11:00～18:00 🈺月（祝日の場合は開館、翌日休）、年末年始 💰無料（ヱビスツアーは500円）
🚃 JR恵比寿駅東口から動く歩道「スカイウォーク」利用で徒歩7分 🔗 www.sapporobeer.jp/brewery/y_museum

1890年に発売したヱビスビールの工場跡地が記念館に。ヱビスギャラリー、テイスティングサロン、ショップと、ヱビスの世界にたっぷり浸れる。自由見学もできるが、ガイドさんが案内する「ヱビスツアー」に参加してみよう。

♪ ショップでお宝探し 🎵

癒やしの音色、水琴鈴(すいきんれい)の根付け760円

エビス様のオリジナル商品は福を呼んでくれそう。お守り袋550円

つまみにいい「札幌おかき OH!焼とうきび」160円

350㎖缶ヱビスビールハンカチ1100円

町名の由来はヱビスビール
1901年にビール専用の貨物駅「恵比寿停車場」ができたのが発端になり、その後「恵比寿駅」が開業。そして周辺の地名も1928年には恵比寿通一丁目、二丁目と称され、ビール名が地名になった珍しい事例。

渋谷駅

代官山アドレス

代官山駅

八幡通り

旧山手通り

③
②

代官山の八幡通り沿いにあるエレクトリックひまわり

駒沢通り

恵比寿公園

JR恵比寿駅

⑥

恵比寿ガーデンプレイス内のジョエル・ロブション

①

④

スカイウォーク

代官山蔦屋書店

⑤

ヱビスビール記念館の「ヱビスツアー」は毎時10分にスタートで、最終は16:10（所要約40分）。

手みやげにまつわるあれこれ アンケートで聞いてみました！

東京の手みやげにおすすめの品物やもらってうれしい物は？
予算はどれくらい？　手みやげにまつわる素朴な疑問について全国のaruco読者
にアンケートを実施。さらにaruco編集部スタッフに手みやげに関する
エピソードを聞いてみました。※アンケートは2021年6月に実施。

Temiyage questionnaire

Q1 もらってうれしかった グルメ手みやげを教えて！

 地方のご当地品

 東京ばな奈

 ケーキなどの生菓子

④ クッキーなどの焼き菓子

⑤ 東京銘菓ひよ子

編集スタッフ VOICE 大多数の人が回答したのが東京ではなかなか手に入らない地方の銘菓や食べ物など、ご当地品。なかでも人気が高かったのは静岡のうなぎパイ、京都の生八ツ橋、博多とおりもん、北海道の白い恋人。ご当地ラーメンや調味料などの声もあった。

Q2 もらってうれしかったグルメ以外の手みやげを教えて！

 ケア用品
※バスグッズ、化粧品、ボディケア用品などを含みます。

 タオル類
※ハンドタオル、ハンカチ、手ぬぐいなどを含みます。

 花

編集スタッフ VOICE 4位はギフト券・金券、ご当地品、ディズニーランドのおみやげが並んだ。1位のケア用品は、ハンドクリームのほか、温泉地の入浴剤や、店舗限定のコスメなどの声が多かった。2位のタオルでは今治タオルを挙げる人が複数。ちなみに「食べ物や飲み物以外の手みやげをもらったことがない」という声もあり、回答数が少なめの結果となった。上記以外では、キャンプ道具、プロ野球選手のサインボールといった答えも見られた。

aruco編集部からのクチコミ！ 手みやげエピソード

編集O たまにしか会えない友人とは、だいたい会うたびにおすすめのおやつを少しずつかわいい袋に詰めて交換こ。少しずついろいろなものを味わえるし、新規開拓もできて楽しいのでおすすめ。

編集S 東京駅（→P.44）や羽田空港（→P.48）は帰省時の手みやげ購入にとっても重宝します。入っている店も、老舗店から行列ができる人気店まで幅広いし、限定の味やパッケージも多いので買って帰ると喜ばれる。ただし、どちらも広いので時間には余裕をもって家を出る。

編集K 生まれたばかりの赤ちゃんがいる友人が「食事の準備をする時間もなくて大変」と言っていたのを聞いて、おすすめ店で冷凍のスープギフトを贈った。「事前にアレルギーや冷凍庫にスペースがあるか聞いてくれたのがとてもうれしかった」と喜んでくれました。

カメラマンT 以前、友人宅でホームパーティをしたときのこと。メイン料理はホストが用意するので、それ以外を参加者が持参することに。初対面の人がいて事前に連絡が取れず、なんと生菓子が人数分以上集まってしまった…。ホストに担当を振り分けてもらえばよかったと反省。

 友人にある日突然、「いつも手みやげ持ってきてくれるから」と大好きなマカロンをもらって、キュンとした。（東京・まい）

Q3 もらって困る手みやげは?

 1 苦手なもの、嫌いなもの

 2 置物

 3 インテリア雑貨

 4 食器・カトラリー

 5 キーホルダー

> **編集スタッフ VOICE** 1位の具体的な回答としては漬物、チーズ、甘すぎるお菓子、添加物たっぷりの食べ物など。2〜3位は趣味が合わない、置く場所がないといった声が多数。なかには「食べ物など消耗品以外は基本的に困る」といった声も。上位には入らなかったが、お守りやキャラクターものを挙げていた人も少なからずいた。

アンケートから、もらって困ったものを一部紹介
もらって困るもの、リアルな声

本物のハブが入ったハブ酒!

鍋をいただいたのですが、うちはIH対応できる鍋以外は使えなかったので困りました。

お酒を飲まないので、ボトルワインは困りました。

手作りの生菓子。衛生上の問題が気になるので、加熱調理したものなら、安心できた。

大量の釣った魚。

大量の焼き菓子。ふたり暮らしで毎日お菓子を食べないのに賞味期限が短いと消費にすごく苦労する。

柿のジャムが苦手で減らずに心が痛みました。

海外の調味料。

アイスクリームを詰め合わせでいただくと冷凍庫がいっぱいのことが多く困ります。

 石。

固形石鹸。置き場所に困るのでなかなか消費できずたまっていく一方です。

だいぶ前ですが、木彫りのクマのような海外の置物をいただいたことがあり、置き場や飾り方に困りました。

高額なおみやげ。

Q4 手みやげを購入するときにもっとも重要視することは?

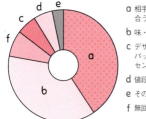

- a 相手の好みに合うかどうか... **40.6%**
- b 味・品質 **37.2%**
- c デザイン・パッケージのセンス **6%**
- d 値段 **5.6%**
- e その他 **3.1%**
- f 無回答 **7.5%**

> **編集スタッフ VOICE** 相手の好みを重要視する人がほとんど。Q4の結果を見ても、ギフトを贈る際は相手の好みや苦手なものを知っておくことはいちばん大切かも。

Q5 友人宅への手みやげの予算は?

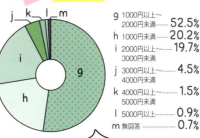

- g 1000円以上〜2000円未満 **52.5%**
- h 1000円未満 **20.2%**
- i 2000円以上〜3000円未満 **19.7%**
- j 3000円以上〜4000円未満 **4.5%**
- k 4000円以上〜5000円未満 **1.5%**
- l 5000円以上 **0.9%**
- m 無回答 **0.7%**

> **編集スタッフ VOICE** 過半数の人が1000円以上〜2000円未満の手みやげを購入しているそう。相手にあまり気を使わせない金額、という表れなのかも。

手みやげにまつわるアンケート

手みやげに関する知っておきたいマナーはP.14をチェック!

115

東京広域

1

2 東京北西部

埼玉県

三芳スマート

所沢

本川越駅

所沢駅

大宮駅

さいたま新都心駅

浦和駅

南浦和駅

美女木JCT

和光市駅

254

463

17

洋菓子の
ブルミエール
P.63

西武立川駅

玉川上水駅

拝島駅

昭和
記念公園

立川駅

国立駅

西国分寺駅

国分寺駅

府中駅

JR中央線

JR南武線

多摩都市
モノレール

八王子駅

京王
八王子駅

高幡不動駅

国立
府中

多摩
動物公園

多摩動物公園駅

聖蹟
桜ケ丘駅

府中本町駅

N 0 1km

東京都

金属工芸工房アーティス P.31

CRIOLLO 本店 C S P.57

喜福堂 P.78

STRÈS CALME P.58

大泉JCT

大泉

練馬

練馬駅

小竹向原駅

池袋駅

大塚駅

巣鴨駅

赤羽駅

江北JCT

北千住駅

JR常磐線

京成本線

石神井公園駅

TOKYO TULIP ROSE 西武池袋店 S P.20

CAFE OHZAN池袋東武店 S P.21

田無駅

西武新宿線

上石神井駅

鷺ノ宮駅

三鷹駅

吉祥寺駅

京王
井の頭線

荻窪駅

高井戸駅

下高井戸駅

明大前駅

下北沢駅

新宿駅

中野駅

新宿駅

皇居

秋葉原駅

JR総武線

錦糸町駅

谷根千・上野エリア P.120

浅草 P.117

押上 P.117

日暮里駅

上野駅

東京
スカイツリー

東京駅

小平駅

花小金井駅

ひばりケ丘駅

西武池袋線

西国分寺駅

国分寺駅

府中

府中本町駅

JR中央線

武蔵小金井駅

京王線

調布駅

飛行場

稲城

JR南武線

橋本駅

唐木田駅

新百合ケ丘駅

町田駅

小田急
小田原線

小田急
多摩線

千歳烏山駅

京王線

調布駅

20

東

登戸駅

二子玉川駅

自由が丘駅

武蔵溝ノ口駅

三軒茶屋駅

東急世田谷線

東急田園都市線

渋谷駅

JR山手線

目黒駅

旗の台駅

大井町駅

品川駅

PÂTISSERIE C S
PARADIS小石川本店 P.20

Selections P.41

ホテル椿山荘東京 H P.41

東京タワー

東名川崎

東急
田園都市線

246

JR南武線

武蔵小杉駅

蒲田駅

川崎浮島JCT

神奈川県

東海道新幹線

JR東海道線
JR横須賀線

京急蒲田駅

京急
空港線

東京湾

東京南西中心部 P.118-119

S Tokyo's Tokyo P.48

C よーじや P.48

羽田空港 P.48

羽田空港
第1・第2ターミナル駅

357

新木場駅

葛西臨海公園駅

東京湾
アクアライン

N 0 5km

川越駅

254

北朝霞駅

東武東上線

JR武蔵野線

JR京浜東北線・高崎線

JR川越線

荒川

関越自動車道

東京外環自動車道

中央自動車道

16

463

MAP凡例

	見どころ		7	セブン-イレブン		⊗	学校		卍	寺
R	レストラン&バー			ファミリーマート		⊕	郵便局		⊞	神社
C	カフェ		L	ローソン		⊗	警察署／交番		✚	病院
S	ショップ		M	マクドナルド		⊗	消防署		✈	空港
H	ホテル		KFC	ケンタッキーフライドチキン		§	銀行			
B	ビューティ&スパ		M	モスバーガー						
			F	フレッシュネスバーガー						
				トトールコーヒーショップ						
			⭐	スターバックス コーヒー						
			V	カフェ・ベローチェ						

徒歩表示

80m＝徒歩1分

<---240m
徒歩3分 --->

116

1

2

1

荻窪駅　阿佐ケ谷駅　高円寺駅　中野駅　中野区　東中野駅　高田馬場駅↑

2

JR中央線

P.22 gmgm C

P.23 HOLLÄNDISCHE KAKAO-STUBE 伊勢丹新宿店

MACAPRESSO C
P.24

大久保駅　新大久保駅

P.26 Fika S

Ambika
VEG & VEGAN
SHOP 新大久保
P.25

S C 台湾食材
商店
新宿店 P.25

P.50 POMOLOGY S
P.60 燻製BALPAL PLUS S
P.63 noix de beurre 伊勢丹新宿店 S

伊勢丹新宿店

新宿高野本店 S
P.79

和菓子 結
NEWoMan
新宿店
P.53

A

久我山駅　富士見ケ丘駅

P.38 DELICATESSEN S
P.38 ペストリー ブティック S
Park Hyatt Tokyo H
P.38

京王新宿店

S まるさんかじつ
P.11

高井戸

S Butter "mass"ter
Living room
P.50

NATA de S
Cristiano
P.27

表参道・青山 P.122

Minimal富ヶ谷本店 C S
P.70

西光亭 S
P.50

MUSÉE DU
CHOCOLAT
THÉOBROMA
渋谷本店 P.23

東京都

おつな S
P.87

渋谷区

代官山・恵比寿・
目黒 P.123

世田谷区

Boulangerie Shima S
P.79

C Cafe The SUN
LIVES HERE
P.56

目黒区

Ryoura S
P.18

MATTERHORN C S
P.68

Rain Bowl S
P.61

C A WORKS
P.56

S ICHIBIKO
桜新町店 P.54

巴裡 小川軒 S
P.69

タケノとおはぎ
P.19

Addict au Sucre S
P.66

RURU MARY'S S
玉川高島屋店
P.51

S ASAKO
IWAYANAGI PLUS
P.21

神奈川県

S C PÂTISSERIE
ASAKO IWAYANAGI
P.57

自由が丘 P.122

C

S C Mallorca
P.26

自由が丘駅

AU BON C
VIEUX TEMPS
P.57

S ローザー
洋菓子店
P.51

1

2

神楽坂 P.120

3 S Atelier Anniversary
早稲田店 P.22

4 浅草 P.117 浅草線

押上 P.117

墨田区

254

水道橋駅 御茶ノ水駅

文京区

御徒町駅 銀座線

台東区 浅草橋駅

御茶ノ水駅

17 昭和通り

大三萬年堂 C S HANARE 御茶ノ水店 P.52

4 新御徒町駅

両国駅

JR総武線 錦糸町駅

S C DANDELION CHOCOLATE
ファクトリー&カフェ蔵前 P.71

亀戸駅

平井駅 →

西武線

大江戸線 飯田橋駅

新宿区

秋葉原駅

京葉道路

新宿線

市ケ谷駅

近江屋洋菓子店 C S P.69

神田駅

馬喰町駅

御菓子司 白樺 S P.83

新大橋通り

A

信濃町駅

四ツ谷駅

丸ノ内線

S C とらや 赤坂店 P.64

新日本橋駅

皇居

西洋菓子 C S しろたえ P.56

千代田区

20

S 85 P.87

半蔵門通り

新宿線

半蔵門駅

東京駅・丸の内 P.121

東京駅

八丁堀駅

東京都現代美術館 S NADiff contemporary P.94

江東区

S 赤坂柿山 赤坂総本店 P.65

有楽町駅

銀座 P.121

葛西橋通り

S VIKING BAKERY F 南青山本店 P.59

新橋駅

汐留駅

中央区

越中島駅

永代通り

★ S R 深川ワイナリー東京 P.42

S SFT (スーベニア フロムトーキョー) P.95

国立新美術館

1

東京タワー

浜松町駅

S 月島久栄 P.78

潮見駅

JR京葉線

Milano Dolce S Tre Spade P.55

竹芝駅

H Andaz Tokyo P.40

豊洲駅

葛西臨海公園駅 →

A.Lecomte C S 広尾本店 P.61

田町駅

港区

S Pastry Shop P.40

御菓子司 新正堂 P.82

新豊洲駅

市場前駅

S 東京港醸造 P.43

kiki S SHOP P.64

日の出駅

H The Okura Tokyo P.39

S Chef's Garden P.39

南北線 三田線

高輪 ゲートウェイ駅

15

東京モノレール

芝浦ふ頭駅

浅草線

有明テニスの森駅

環2通り

東雲駅

新木場駅

首都高速湾岸線

S BOULANGERIE SEIJI ASAKURA P.79

有明駅

東京ビッグサイト駅

357

きんざ空也 空いろ S P.53

台場駅

国際展示場駅

五反田駅

品川駅

東京テレポート駅

東海道新幹線

北品川駅

天王洲 アイル駅

台場駅

ゆりかもめ

青海駅

大崎広小路駅

大崎駅

新馬場駅

東京港

357

東京国際 クルーズターミナル駅

テレコムセンター駅

下神明駅

JR東海道線

青物 横丁駅

品川シーサイド駅

東京ゲートブリッジ **C**

西大井駅

大井町駅

京浜東北線

鮫洲駅

立会川駅

大森駅

大井競馬場前駅

東京南西中心部

大森海岸駅

流通センター駅

N
0 2km

3

4

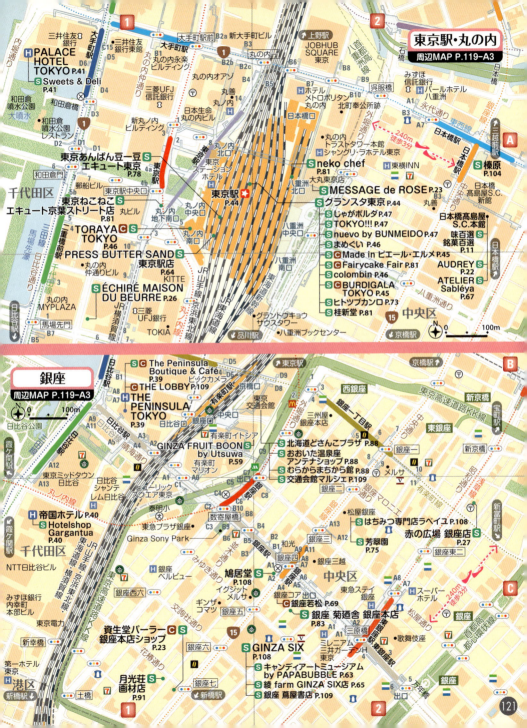

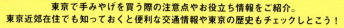

もっとお得に 快適に！ **東京を楽しむ旅のテクニック**

出発前に 読んでね！

東京で手みやげを買う際の注意点やお役立ち情報をご紹介。
東京近郊在住でも知っておくと便利な交通情報や東京の歴史もチェックしとこう！

Technique 01 お店へ行く前に、 必ず定休日の確認を！

東京のスイーツ店、特に洋菓子店は火・水曜など平日休みの店も多く、さらに定休日に加えて毎月休みが変わる不定休日を設けている店がある。そうした店はホームページやインスタグラムなど公式SNSアカウントで毎月の休みを公表しているので、必ず事前に確認するようにしよう。

Technique 02 期間限定商品は、いつ出る？ ギフトイベントカレンダー

毎年、イベントに沿って季節限定商品を販売する店は多い。店によっては限定パッケージのレアな商品が出ることも。以下を参考にお目当ての店で限定商品が販売されるかチェックしてみて。

1月	正月
2月	2/14バレンタインデー
3月	3/3桃の節句、3/14ホワイトデー
4月	春 ※3~4月の春限定商品が発売される
5月	5/5端午の節句、第2日曜日 母の日
6月	第3日曜日 父の日
7月	お中元
8月	夏 ※6~8月の夏限定商品が発売される
9月	第3月曜 敬老の日
10月	10/31ハロウィン
11月	11/15七五三
12月	12/25クリスマス、お歳暮

※イベント以外にも、初夏は桃、メロン、冬はイチゴなど、旬の素材を使ったシーズン限定品が発売されます。

Technique 03 絶対手に入れたい商品は 予約がおすすめ

予約で 即ゲット

必ず買いたい商品がある場合は、予約が可能な店ならぜひ予約しておこう。行列ができる人気店でも予約をしておけば、並ばずにすぐに受け取れる。また、オンライン販売している店も多いので、ウェブで購入するのも手。オンライン販売も予約もできない場合は、開店時を狙いたい。ただし、商品によっては店頭に並ぶ時間が開店時とは限らないので、注意。

行列必至の人気店、「NATA de Cristiano」（→P.27）は予約またはオンライン購入可能

Technique 04 ミュージアムショップは企画展示に合わせた限定品が登場

各博物館や美術館に併設されているミュージアムショップでは、企画展示ごとに、その展示内容に合わせたオリジナルの商品が発売される。ほとんどの場合数量限定で、会期終了とともに販売も終了。人気の品は会期内でも品切れになってしまうことも。人気デザイナーがデザインを担当することもあり、レアな商品が多いのも特徴。

個性的な 商品多数

1.「たばこと塩の博物館」内のミュージアムショップ（→P.97）2.「国立新美術館」内の「SFT」（→P.95）。アーティストやブランドごとに商品が陳列されている 3.ドキュメンタリー映画『旅するダンボール』の企画展示に発売されたダンボールを使った商品。人気のため、現在も販売されている（SFT）

Technique 05 知っておきたい 便利&要注意の乗り換え駅

乗り換え時、便利な駅

駅名は異なるがスピーディに乗り換えできるのが次の駅。ほかにも千駄ヶ谷（JR）↔国立競技場（地下鉄）、田町（JR）↔三田（地下鉄）などが乗り換えに便利。

原宿 （JR山手線）	→ 徒歩すぐ	明治神宮前（原宿） （地下鉄千代田線・副都心線）
浜松町 （JR山手線）	→ 徒歩すぐ	大門 （地下鉄 浅草線・大江戸線）
有楽町 （JR山手線、地下鉄有楽町線）	→ 徒歩5分	日比谷 （地下鉄 日比谷線・千代田線）

乗り換え時、要注意な駅

同じ駅名であっても乗り換えるのに時間がかかるのが浅草、早稲田、渋谷。渋谷駅の地下鉄銀座線と副都心線の高低差は、なんとビル8階分！

浅草 （つくばエクスプレス）	→ 徒歩7〜8分	浅草 （地下鉄銀座線・浅草線、東武鉄道）
早稲田 （地下鉄東西線）	→ 徒歩10分	早稲田 （都電荒川線）
渋谷 （地下鉄銀座線）	→ 徒歩6分	渋谷 （地下鉄副都心線）

Technique 06 東京在住者でも間違える 似ている駅名に気をつけよ

- **❗ 新宿駅** 京王線
新宿駅 京王新線
京王新線は都営新宿線と相互運転。停車駅が多少異なるので注意。
- **❗ 浅草駅** 地下鉄銀座線
浅草駅 東武鉄道
浅草にはこのほかにもふたつ路線の異なる「浅草駅」がある。
- **❗ 千駄ヶ谷** JR中央・総武線（各停）
千駄木 地下鉄千代田線
新国立競技場があるのは千駄ヶ谷。下町の谷根千エリアは千駄木。

Technique 07 あると便利！ 移動&観光で使えるアプリ

 JR東日本アプリ リアルタイムの列車走行位置や駅情報などが超充実。

 東京メトロmy!アプリ 経路検索時に混雑を避けるルートがわかる機能も。

 タクシーアプリ GO 提携タクシーの手配や支払いが可能で便利なアプリ。

 エクボクローク スマホ予約で近くの施設に荷物を預けられるサービス。

 ChargeSPOT スマホ充電器のレンタルアプリで移動中もラクラク充電。

 トイレ情報共有マップくん 緊急時に近くのトイレを探せる優秀なお助けアプリ。

Technique 08 知れば2倍おもしろくなる 年表で東京を学ぼう

時代	西暦（和暦）	おもなできごと
江戸	1603年（慶長8年）	徳川家康が江戸幕府を開く
	1634年（寛永11年）	両口屋是清 P.53 が創業
	江戸中期	大三萬年堂 P.52 が創業
	1663年（寛文3年）	鳩居堂 P.108 が創業
	1860年（安政7年）	桜田門外の変
	1867年（慶応3年）	王政復古の大号令
明治	1868年（明治元年）	東京府政が制定／明治天皇が即位
	1872年（明治5年）	東京国立博物館 P.96 が開業
	1882年（明治15年）	日本銀行が開業
	1884年（明治17年）	空也 P.53 が創業
	1884年（明治17年）	近江屋洋菓子店 P.69 が創業
	1894年（明治27年）	銀座若松 P.69 が創業
	1904年（明治37年）	日本橋三越本店が誕生
	1905年（明治38年）	巴里 小川軒 P.69 の前身となる洋食屋が創業
大正	1912年（大正元年）	大正天皇が即位
	1914年（大正3年）	第1次世界大戦勃発／東京駅 P.44 が開業
	1917年（大正6年）	月光荘画材店 P.91 が創業
	1923年（大正12年）	関東大震災
	大正末期	浅草亀十 P.68 が創業
昭和	1926年（昭和元年）	昭和天皇が即位
	1927年（昭和2年）	日本初の地下鉄、銀座線が開通
	1939年（昭和14年）	第2次世界大戦勃発
	1945年（昭和20年）	東京大空襲／ポツダム宣言を受諾
	1952年（昭和27年）	MATTERHORN P.68 が創業
	1958年（昭和33年）	東京タワーが建設
	1964年（昭和39年）	東京オリンピック開催
	1972年（昭和47年）	上野の森美術館 P.97 が開業
平成	1989年（平成元年）	平成の天皇が即位
	2012年（平成24年）	東京スカイツリー® P.107 が開業
	2018年（平成30年）	豊洲市場が開業
令和	2019年（令和元年）	徳仁天皇が即位
	2021年（令和3年）	東京オリンピック・パラリンピックが開催

新宿駅など、利用者の多いターミナル駅は混雑することが多く、時間帯によっては移動にも時間がかかる。💡

	名称	エリア	ページ	別冊MAP
	東京港醸造	田町	43	P.119-B3
	TODAY'S SPECIAL Jiyugaoka	自由が丘	85	P.122-C1
	とらや 赤坂店	赤坂	64	P.119-A3
	トラヤあんスタンド北青山店	青山	110	P.122-B2
▶	TORAYA TOKYO	丸の内	46	P.121-A1
	TRÈS CALME	千石	58	P.116-B3
	DOCLE FELICEエキュート上野店	上野	81	P.120-B2
ナ	NATA de Cristiano	代々木公園	27	P.118-B2
	NUMBER SUGAR 表参道店	表参道	50	P.122-A1
	にほんばしえいたろう	恵比寿	113	P.123-B2
	日本橋高島屋S.C. 味百選・銘菓百選	日本橋	11	P.121-A2
▶	nuevo by BUNMEIDO	丸の内	47	P.121-A1
	neko chef	丸の内	81	P.121-A2
▶	根津のパン	根津	35	P.120-B1
	のレンMURO	神楽坂	77	P.120-C2
	noix de beurre 伊勢丹新宿店	新宿	63	P.118-A2
ハ	Park Hyatt Tokyo	新宿	38	P.118-A2
	Butter"mass"ter Living room	代田橋	50	P.118-A1
	85	日本橋	87	P.119-A3
	はちみつ専門店ラベイユ 松屋銀座店	銀座	108	P.121-C2
	PÂTISSERIE ASAKO IWAYANAGI	等々力	57	P.118-C1
	PÂTISSERIE R	九品仏	60	P.122-C1
▶	PÂTISSERIE PARADIS 小石川本店	小石川	20	P.116-B2
▶	PATISSERIE「栞杏1928」	目黒	19	P.123-C2
	BANANA FACTORY	向島	107	P.117-B2
	巴裡 小川軒	学芸大学	69	P.118-C2
▶	PALACE HOTEL TOKYO	大手町	41	P.121-A1
	ヒトツブカンロ	丸の内	73	P.121-A1
	廣尾瓢月堂	中目黒	83	P.123-B1
▶	Fika	新宿	26	P.118-A2
	ペリカンカフェ	田原町	106	P.117-B1
	Boulangerie Shima	三軒茶屋	79	P.118-B2
	BOULANGERIE SEIJI ASAKURA	高輪	79	P.119-B3
	Fairycake Fair	丸の内	81	P.121-A1
	Fève	自由が丘	73	P.122-C2
▶	深川ワイナリー東京	門前仲町	42	P.119-B4
	BURDIGALA TOKYO	丸の内	45	P.121-A1
	PRESS BUTTER SAND東京駅店	丸の内	64	P.121-A1
	BELTZ	恵比寿	57	P.123-A2
	芳翠園	銀座	75	P.121-C2
	北海道どさんこプラザ	有楽町	88	P.121-B2
▶	ホテル椿山荘東京	江戸川橋	41	P.116-B2
	POMOLOGY	新宿	50	P.118-A2
	堀内果実園 東京スカイツリーソラマチ店	押上	11	P.117-C2
	HOLLÄNDISCHE KAKAO-STUBE伊勢丹新宿店	新宿	23	P.118-A2
マ	MACAPRESSO	新大久保	24	P.118-A2
▶	MAGIE DU CHOCOLAT	自由が丘	36	P.122-C1
	MATTERHORN	学芸大学	68	P.118-C2
	Mallorca	二子玉川	26	P.118-C1
	まるさんかじつ	永福町	11	P.118-A1
	Minimal 富ヶ谷本店	代々木公園	70	P.118-B2
▶	MUSÉE DU CHOCOLAT THÉOBROMA 渋谷本店	代々木公園	23	P.118-B2
	Milano Dolce Tre Spade	麻布	55	P.119-B3
	むらからまちから館	有楽町	88	P.121-B2
▶	Made in ピエール・エルメ	丸の内	45	P.121-A1
▶	MESSAGE de ROSE 大丸東京店	丸の内	23	P.121-A2
	Melon de melon	千駄木	79	P.120-A1
	Mocha Coffee	代官山	112	P.123-B1
ヤ	洋菓子のブルミエール	立川	63	P.116-A2
	よーじや	羽田空港	48	P.116-C2
ラ ▶	Ryoura	用賀	18	P.118-C1
	A.Lecomte 広尾本店	広尾	61	P.119-B3
	RURU MARY'S 玉川高島屋店	二子玉川	51	P.118-C1
	Rain Bowl	学芸大学	61	P.118-C2
	ローザー洋菓子店	田園調布	51	P.118-C2
ワ	和菓子 薫風	千駄木	35	P.120-A1
	和菓子 結 NEWoMan新宿店	新宿	53	P.118-A2

買う／キレイになる

	名称	エリア	ページ	別冊MAP
ア	上野の森美術館ミュージアムショップ	上野	97	P.120-B2
カ	亀の子束子 谷中店	根津	35	P.120-B1
	鳩居堂	銀座	108	P.121-C2
	GIZA SIX	銀座	108	P.121-C1
	銀座 蔦屋書店	銀座	109	P.121-C1
▶	グランスタ東京	丸の内	44	P.121-A1
	月光荘画材店	銀座	91	P.121-C1
	交通会館マルシェ	有楽町	109	P.121-B2
	GOAT	千駄木	90	P.120-A1
サ	THINGS 'N' THANKS	押上	91	P.117-C2
	SINCERE GARDEN	青山	111	P.122-A2
	SFT(スーベニアフロムトーキョー)	六本木	95	P.119-B3
タ	たばこと塩の博物館ミュージアムショップ	押上	97	P.117-C2
	東京国立博物館ミュージアムショップ	上野	96	P.120-B2
	Tokyo's Tokyo	羽田空港	48	P.116-C2
	東京都美術館ミュージアムショップ	上野	96	P.120-B2
	TOKYO FANTASTIC 表参道店	青山	99	P.122-A2
▶	TOKYO!!!	丸の内	47	P.121-A1
ナ	NADiff contemporary	清澄白河	94	P.119-A4
	のレン	神楽坂	33	P.120-C2
ハ	榛原	日本橋	104	P.121-A2
	羽田空港第1・第2ターミナル	羽田空港	48	P.116-C2
	Hibiya-Kadan Styleアトレ恵比寿店	恵比寿	98	P.123-B2
	Fatima Morocco Tokyo	青山	111	P.122-A2
マ ▶	まめぐい	丸の内	46	P.121-A1

STAFF

Producer
福井由香里

Editor & Writer
大久保民、鈴木由美子、小坂歩（有限会社アジアランド）

Photographers
竹之下三緒、ウシオダキョウコ、斉藤純平、田尻陽子、©iStock

Designers
上原由莉、竹口由希子、稲岡聡平、久保田りん

Illustration
みよこみよこ、赤江橋洋子、TAMMY

Maps
株式会社アトリエ・プラン

Proofreading
株式会社東京出版サービスセンター（田中尚美）

Special Thanks to
株式会社JR東日本クロスステーション デベロップメントカンパニー、矢羽野晶子

この地図の制作にあたっては、インクリメント・ピー株式会社の地図データベースを使用しました。
©2020 INCREMENT P CORPORATION & CHIRI GEOGRAPHIC INFORMATION SERVICE CO., LTD.

地球の歩き方 aruco 東京の手みやげ

2021年10月19日　初版第1刷発行

著作編集	地球の歩き方編集室
発行人・編集人	新井邦弘
発 行 所	株式会社地球の歩き方 〒141-8425　東京都品川区西五反田2-11-8
発 売 元	株式会社学研プラス 〒141-8415　東京都品川区西五反田2-11-8
印刷製本	株式会社ダイヤモンド・グラフィック社

※本書は2021年3〜6月の取材に基づいていますが、営業時間と定休日は
通常時のデータです。新型コロナウイルス感染症対策の影響で、大きく変わる
可能性もありますので、最新情報は各施設のウェブサイトやSNS等でご確認
ください。また特記がない限り、掲載料金は消費税込みの総額表示です。

更新・訂正情報 URL https://book.arukikata.co.jp/support/

✉ **本書の内容について、ご意見・ご感想はこちらまで**

〒141-8425　東京都品川区西五反田2-11-8
株式会社地球の歩き方
地球の歩き方サービスデスク「aruco東京の手みやげ」投稿係
URL https://www.arukikata.co.jp/guidebook/toukou.html
地球の歩き方ホームページ（海外・国内旅行の総合情報）
URL https://www.arukikata.co.jp/
ガイドブック『地球の歩き方』公式サイト
URL https://www.arukikata.co.jp/guidebook/

🔲 **この本に関する各種お問い合わせ先**
・本の内容については、下記サイトのお問い合わせフォームよりお願いします。
URL https://www.arukikata.co.jp/guidebook/toukou.html

・広告については　Tel ▶ 03-6431-1008（広告部）
・在庫については　Tel ▶ 03-6431-1250（販売部）
・不良品（乱丁、落丁）については　Tel ▶ 0570-000577
学研業務センター　〒354-0045　埼玉県入間郡三芳町上富279-1
・上記以外のお問い合わせは　Tel ▶ 0570-056-710（学研グループ総合案内）

感想教えて
ください〜♪

読者プレゼント
ウェブアンケートにお答え
いただいた方のなかから抽
選ですてきな賞品を多数プ
レゼントします！詳しくは
下記の二次元コードまたは
ウェブサイトをチェック☆

応募の締め切り
2022年10月31日

URL https://www.arukikata.co.jp/guidebook/enq/arucotokyo2

Line up♪ arucoシリーズ

国内
- 東京
- 東京で楽しむフランス
- 東京で楽しむ韓国
- 東京で楽しむ台湾
- 東京の手みやげ
- 東京おやつさんぽ

海外

ヨーロッパ
- ① パリ
- ⑥ ロンドン
- ⑮ チェコ
- ⑯ ベルギー
- ⑰ ウィーン／ブダペスト
- ⑱ イタリア
- ⑳ クロアチア／スロヴェニア
- ㉑ スペイン
- ㉖ フィンランド／エストニア
- ㉘ ドイツ
- ㉜ オランダ
- ㊱ フランス
- ㊳ ポルトガル

アジア
- ② ソウル
- ③ 台北
- ⑤ インド
- ⑦ 香港
- ⑩ ホーチミン／ダナン／ホイアン
- ⑫ バリ島
- ⑬ 上海
- ⑲ スリランカ
- ㉒ シンガポール
- ㉓ バンコク
- ㉔ アンコール・ワット
- ㉙ ハノイ
- ㉚ 台湾
- ㉞ セブ／ボホール／エルニド
- ㊳ ダナン／ホイアン／フエ

アメリカ／オセアニア
- ⑨ ニューヨーク
- ⑪ ホノルル
- ⑱ グアム
- ㉕ オーストラリア
- ㉛ カナダ
- ㉝ サイパン／テニアン／ロタ
- ㉟ ロスアンゼルス

中近東／アフリカ
- ④ トルコ
- ⑧ エジプト
- ⑭ モロッコ